LUIS M. BENAVIDES • LILIANA G. GESSAGHI

Celebrar a Misericórdia com o Papa Francisco

EDITORA
SANTUÁRIO

DIREÇÃO EDITORIAL: Pe. Fábio Evaristo Resende Silva, C.Ss.R.
COORDENAÇÃO EDITORIAL: Ana Lúcia de Castro Leite
TRADUÇÃO: Tarcísio Lemos
COPIDESQUE: Andresa Custódio
REVISÃO: Luana Galvão
DIAGRAMAÇÃO E CAPA: Mauricio Pereira

Título original: *El año santo. El jubileo de la misericordia. Misericordiosos como el Padre: 10 propuestas sencillas para vivir junto al Papa.*

Dados Internacionais de Catalogação na Publicação (CIP)
(Câmara Brasileira do Livro, SP, Brasil)

Benavides, Luis M.
    Celebrar a misericórdia: com o Papa Francisco/ Luis M. Benavides, Liliana G. Gessaghi; [tradução Tarcísio Lemos]. – Aparecida, SP: Editora Santuário, 2016.

    Título original: El año santo: el jubileo de la misericordia: misericordiosos como el padre: 10 propuestas sencillas para vivir junto al Papa
    ISBN 978-85-369-0407-8

    1. Ano Santo – 2. Deus – Misericórdia – 3. Francisco, Papa, 1936 – 4. Igreja – História – 5. Papado – História I. Gessaghi, Liliana G. II. Título.

15-10531   CDD-263.9

Índices para catálogo sistemático:
1. Ano Santo da misericórdia: Jubileu: Cristianismo 263.9

2ª impressão

Todos os direitos reservados à EDITORA SANTUÁRIO – 2016

Composição, CTcP, impressão e acabamento:
Editora Santuário - Rua Pe. Claro Monteiro, 342
12570-000 – Aparecida-SP – Tel. (12) 3104-2000

Introdução

O papa Francisco, no dia 11 de abril de 2015, na Basílica de São Pedro no Vaticano, durante a celebração das primeiras Vésperas do Domingo da Misericórdia, surpreendeu o mundo com a convocação para um Ano Santo Extraordinário ou Jubileu da Misericórdia. Nessa data entregou a Bula *Misericordiae Vultus* aos Cardeais Arciprestes das quatro basílicas papais de Roma, a alguns representantes da Igreja em todo o mundo e aos protonotários apostólicos. Algumas passagens da bula foram lidas diante da Porta Santa da Basílica Vaticana.

Francisco fez uma grande convocação para todos os fiéis católicos para que vivamos juntos este Ano Santo Extraordinário como um momento especial de graças, de aproximação do Senhor e de comunhão com nossos irmãos.

A palavra misericórdia vem do latim e é formada pelas expressões *miser* (miserável, necessitado, excluído), *cor/cordis* (coração e, por conotação, "sede do sentimento") e *ia* (para com os outros). Misericórdia significa assim "a capacidade de sentir a desgraça alheia" ou, se quiserem, "a qualidade de ter coração por alguém que sofre". Essa qualidade não é senão a compaixão; pode ser entendida também como "ter um coração solidário com aqueles que têm necessidades".

Do ponto de vista teológico, a misericórdia divina é entendida como qualidade de Deus, enquanto ser perfeito, pela qual Ele perdoa os pecados e misérias das pessoas. É um atributo divino entendido como sinônimo de consideração, amabilidade e perdão, ao qual os fiéis recorrem pedindo piedade por seus pecados e desobediências.

De acordo com as palavras de Jesus, o homem deve ser misericordioso com os demais, esperando ser tratado da mesma maneira.

Sempre temos necessidade de contemplar o mistério da misericórdia. É fonte de alegria, de serenidade e de paz. É condição de nossa salvação. Misericórdia é a palavra que revela o mistério da Santíssima Trindade. Misericórdia é o último e supremo ato pelo qual Deus vem ao nosso encontro. Misericórdia é a lei fundamental que habita o coração de cada pessoa quando tem um olhar sincero para o irmão que encontra no caminho da vida. Misericórdia é a via que une Deus e o homem, porque abre o coração à esperança de ser amado, não obstante o limite de nosso pecado.

Nosso querido Papa São João Paulo II, em sua Encíclica *Dives in Misericordia* chamava nossa atenção para a misericórdia na vida da Igreja:

> Revelada em Cristo, a verdade sobre Deus como "Pai da misericórdia", permite-nos "vê-lo" especialmente próximo ao homem, sobretudo quando sofre, quando está ameaçado no núcleo mesmo de sua existência e de sua dignidade. Por causa disso, na situação atual da Igreja e do mundo, muitos homens e muitos ambientes guiados por um vivo sentimento de fé dirigem-se, diria quase que espontaneamente, à misericórdia de Deus. Eles são certamente impulsionados a fazer isso por Cristo mesmo que, por meio de seu Espírito, atua no íntimo dos corações humanos. Com efeito, revelado por Ele, o mistério de Deus, "Pai da Misericórdia", constitui, no contexto das ameaças atuais contra o homem, uma chamada singular dirigida à Igreja.
>
> Jesus, sobretudo com seu estilo de vida e com suas ações, demonstrou como no mundo em que vivemos está presente o amor, o amor operante, o amor que se dirige ao homem, e abraça tudo o que forma sua humanidade. Este amor se faz notar particularmente no contato com o sofrimento, a injustiça, a pobreza; no contato com toda a "condição humana" histórica, que manifesta de diferentes modos a limitação e a fragilidade do homem, seja física, seja moral.
>
> Papa São João Paulo II, *Dives in Misericordiae*

Para aprofundamento e informação sobre o Jubileu, o Vaticano preparou um site oficial sobre este Ano Santo Extraordinário da Misericórdia: www.im.va.

Neste pequeno livro que apresentamos, pretendemos elaborar 10 sugestões simples para viver o Ano Santo, ou Jubileu da Misericórdia, junto com o Papa Francisco. A ideia não é ler todo o livro de uma vez, mas ir debulhando e saboreando as reflexões do Papa Francisco pouco a pouco, num itinerário tanto individual como comunitário. A intenção é poder refletir sobre os textos propostos por Francisco que nos ajudam a refletir, a orar juntos e a promover ações, fazendo da misericórdia um estilo de vida que nos caracterize, tal como Jesus fez.

Cada sugestão tem uma estrutura muito simples, que pode ser adaptada conforme as necessidades individuais ou comunitárias. O ideal seria que cada um pudesse compartilhar o ritmo proposto com outros membros da comunidade; mas também pode ser feito individualmente. A estrutura das orações é a seguinte:

Rito inicial: † Sinal da Cruz e um cântico. A ideia é colocar-nos na presença de Deus para deixar-nos cobrir com seu manto misericordioso e entrarmos em oração, com um cântico apropriado.

Deus nos fala: Leitura da Palavra de Deus. Neste momento deixamos que a Palavra de Deus nos ilumine, interpele-nos e nos provoque.

Meditamos a Palavra em silêncio. É importante deixar um momento para a oração interior e para escutar o que o Senhor nos quer falar. Desfrutemos sem pressa deste momento de recolhimento interior, de escuta, de oração silenciosa diante de nosso Deus.

O Papa Francisco nos fala: Escutamos a reflexão que o Papa faz sobre esse texto bíblico. Esta reflexão é extraída da Bula *Misericordiae Vultus*; por questões didáticas selecionamos apenas algumas passagens para compreendermos melhor a mensagem que o Papa quer nos transmitir.

Para refletir e partilhar no grupo: É o momento da reflexão individual e comunitária. Apresentamos algumas perguntas motivadoras e orientadoras que nos levam a questionar e a buscar juntos propostas para viver o Ano Santo.

Intenções: Apresentamos algumas intenções gerais e sugerimos que cada um, de maneira individual ou comunitária, possa acrescentar as suas intenções particulares.

Pai-nosso, Ave-Maria, Glória ao Pai.

Rito conclusivo: Jaculatória – Oração – Cântico – † Sinal da Cruz.

Desse modo esperamos que com essas simples sugestões todos possamos celebrar juntos este Jubileu da Misericórdia. Não podemos terminar o texto sem fazer uma breve referência à Santa Faustina Kowalska, a grande apóstola da Divina Misericórdia e a primeira santa do terceiro milênio, que nos mostrou com seu exemplo de vida que Jesus é tão misericordioso, como nosso Deus e Pai.
Peçamos a Maria, a Mãe da Misericórdia, que nos ajude a seguirmos juntos como Povo de Deus os passos de seu Filho. Que assim seja!

Luis e Liliana
www.luis-benavides.com

O Ano Santo ou Jubileu

O que é um Ano Santo ou Jubileu?

O Ano Santo, expressa o Papa Francisco, é um tempo oportuno para mudar de vida. É um tempo para se deixar tocar o coração. Permitir reconciliar-se com Deus é possível por meio do Mistério Pascal e da mediação da Igreja. O Ano Santo ou Jubileu é como um convite para uma grande festa. E o que celebramos? Celebramos que, há 2000 e tantos anos, Jesus, por amor, fez-se homem e veio ao mundo (mistério da Encarnação), morreu por nós, para salvar-nos de nossos pecados, e no terceiro dia ressuscitou (mistério da Redenção). Graças a Ele todos nós, seres humanos, podemos alcançar as felicidades eternas. O Ano Jubilar é, antes de tudo, o Ano de Cristo, portador da vida e da graça para a humanidade.

O Jubileu é um convite a uma grande conversão, isto é, a uma grande mudança em nossas vidas. É um acontecimento religioso e um tempo privilegiado de graça, destinado a promover a santidade. É o ano da reconciliação, da conversão e da penitência sacramental. Em consequência, é também o ano da solidariedade, da esperança, da justiça, do empenho em servir a Deus na alegria e na paz com os irmãos.

Nos Anos Santos, a Igreja busca, de maneira especial, acolher em seus braços todos os fiéis para oferecer-lhes a alegria da reconciliação. A Igreja nos recorda do convite de Jesus: "Vinde a mim todos os que estão cansados e atribulados, e eu vos aliviarei" (Mt 11,28-30). Convida-nos a recordar o abraço amoroso do Pai no regresso do filho pródigo (Lc 15,1-32).

O desejo da Igreja, como mãe universal, é que, durante os anos jubilares, ninguém queira excluir-se do abraço de nosso Deus e Pai; que a alegria do perdão seja maior e mais profunda do que qualquer ressentimento. Em poucas palavras, que nos anos santos não haja pretexto para viver afastado de Deus. Como costuma proclamar o Papa Francisco: "Deus não se cansa nunca de perdoar, somos nós que nos cansamos de lhe pedir perdão".

O Papa Francisco fala que este Ano Santo deve ser "um ano de graça"; é isso que o Senhor anuncia e o que desejamos viver. Este Ano Santo traz consigo a riqueza da missão de Jesus, que faz eco das palavras do Profeta: levar uma palavra e um gesto de consolação aos pobres, anunciar a libertação aos que estão prisioneiros das novas escravidões da sociedade moderna, restituir a vista a quem não pode ver mais, porque fica girando sobre si mesmo, voltar a dar dignidade aos que foram privados dela. Assim então, Deus está sempre disponível para o perdão e nunca se cansa de oferecê-lo de maneira sempre nova e inesperada. Francisco nos convida a realizarmos a experiência de abrirmos o coração aos que vivem nas mais contraditórias periferias existenciais, criadas dramaticamente pelo mundo moderno; a curar ainda mais essas feridas, a aliviá-las com o óleo da consolação, enfaixando-as com a misericórdia e curando-as com a solidariedade e a devida atenção. Convida-nos ainda a aguçar o nosso olhar para descobrirmos as misérias do mundo, as feridas de tantos irmãos e irmãs privados da dignidade, e a escutar seu grito pedindo socorro. Que juntemos nossas mãos e nos unamos para que todos sintam o calor de nossa presença, de nossa amizade e de nossa fraternidade.

Origens do Jubileu ou Ano Santo

As origens do Jubileu ou Ano Santo remontam ao Antigo Testamento. A Lei de Moisés tinha determinado para o povo judeu um ano particular e diferente dos demais, que acontecia a cada cinquenta anos.

> Santificareis o quinquagésimo ano e proclamareis no país a liberdade para todos os seus habitantes. Será para vós um jubileu, em que cada um voltará a suas possessões e à sua família. O quinquagésimo ano será para vós um jubileu: não semeareis, nem ceifareis o que a terra produzir espontaneamente, nem vindimareis a vinha não podada,

porque é o jubileu, tempo santo para vós; comereis o produto do campo. Neste ano de jubileu, cada um de vós voltará à sua possessão. (Lv 25,10-13).

Para o povo hebreu tratava-se, pois, de um ano sabático no qual se descansava, perdoavam-se as dívidas, libertavam-se os escravos e se restituíam as posses aos antigos proprietários. Estabelecia-se um repouso geral da terra e se permitia aos pobres realizar a colheita.

O termo "jubileu"

A palavra "jubileu" tem duas raízes, uma do hebraico e outra do latim. A palavra hebraica que aparece na Bíblia é *yobel*, referente ao chifre do carneiro que os judeus usavam como trompa para chamar para uma festa ou anunciar um ano excepcional dedicado a Deus. Por essa razão, esse ano se denominava *yobel*, isto é, jubileu. Mas existe também uma palavra latina *iubilum* (derivado do verbo *jubilare*), referente às exclamações de alegria dos pastores diante do nascimento de Jesus e que acabou significando alegria, gozo ou louvor.

Quando São Jerônimo traduziu a Bíblia do hebraico para o latim, no século IV, traduziu o termo hebraico *yobel* pelo termo latino *iubilaeus*, incorporando o matiz de alegria ao significado original, que tinha a palavra no antigo Israel como ano excepcional de conversão dedicado a Deus.

Jesus Cristo dá sentido pleno ao Jubileu

No Novo Testamento, Jesus se apresenta como Aquele que leva ao cumprimento o Jubileu antigo, já que Ele veio pregar o ano de graça do Senhor e levá-lo à sua plenitude (cf. Is 61,1-2). Jesus dá um sentido novo e definitivo ao Jubileu.

> Com a força do Espírito Santo, voltou Jesus para a Galileia, e sua fama espalhou-se por toda a região. Ensinava nas sinagogas deles e era glorificado por todos. Foi a Nazaré, lu-

gar onde tinha sido criado. No sábado, segundo seu costume, entrou na sinagoga e levantou-se para fazer a leitura. Foi-lhe dado o livro do profeta Isaías. Desenrolando o livro, encontrou a passagem em que estava escrito: "O Espírito do Senhor está sobre mim, porque me ungiu para evangelizar os pobres, mandou-me anunciar aos cativos a libertação, aos cegos a recuperação da vista, pôr em liberdade os oprimidos e proclamar um ano de graça do Senhor". Depois enrolou o livro, entregou-o ao servente e sentou-se. Todos na sinagoga tinham os olhos voltados para ele. Então começou a dizer-lhes: "Cumpriu-se hoje esta passagem da Escritura diante de vós" (Lc 4,14-21).

De quanto em quanto tempo se celebra um Ano Santo?

Os jubileus ordinários são aqueles que se celebram em intervalos regulares. O primeiro Jubileu celebrado no cristianismo foi anunciado pelo Papa Bonifácio VIII, no ano de 1300. Essa tradição foi acentuando-se nos séculos seguintes e, no começo, celebraram-se jubileus a cada cinquenta anos; logo, a cada vinte e cinco anos, para que todas as pessoas tivessem a oportunidade de viver pelo menos um Ano Santo em suas vidas, e assim continua até hoje. O último Jubileu ordinário aconteceu durante o ano 2000, proclamado e celebrado pelo Papa São João Paulo II. O próximo Ano Santo ordinário será no ano de 2025.

Em ocasiões especiais um Papa pode proclamar um Ano Santo extraordinário como celebração de um fato em destaque ou diante de uma necessidade especial. Por exemplo, o último Jubileu extraordinário foi convocado e posteriormente celebrado por São João Paulo II em 1983, ao completar-se 1950 anos da Redenção de Jesus Cristo.

Indulgências

O Ano Jubilar é um convite aberto a todos os cristãos e também a todos os que se encontram distantes da fé e desejam voltar novamente à vida cristã. Por causa disso, na Igreja Católica, o Jubileu é um tempo em que se concedem graças espirituais singulares (indulgências) aos fiéis que cumprem determinadas condições. Para ganhar uma indulgência é imprescindível um coração contrito e arrependido. Requer-se a confissão dos pecados, mediante o sacramento da penitência ou reconciliação e, quando possível, receber a comunhão.

Durante o Ano Jubilar, mediante a aplicação dos méritos superabundantes de Cristo e dos santos e mediante uma autêntica e sincera conversão por parte do crente, a Igreja concede a indulgência plenária, que é uma graça que ajuda o cristão a seguir seu caminho com vontade de conversão e reconciliação com Deus. Essa graça também pode ser aplicada aos defuntos como sinal de amor por eles em virtude da comunhão dos santos.

A palavra indulgência (do latim *indulgentia*, de *indulgeo*, "ser amável" ou "compassivo") significa, originalmente, bondade ou favor. No latim pós-clássico, chegou a significar a remissão de um imposto ou dívida e também era usada para expressar a libertação de uma prisão ou castigo. Na linguagem teológica, costuma-se usar em seu sentido original para significar a bondade ou o favor de Deus. Entre os termos equivalentes usados na antiguidade encontram-se: paz, remissão, doação e perdão.

A cerimônia de abertura do jubileu

A cerimônia do começo do Ano Santo acontece em Roma, por meio de uma liturgia específica. O Papa dirige-se à Basílica de São Pedro para abrir a chamada "Porta Santa", hermeticamente fechada, que só se abre pelo motivo do Jubileu. O sumo pontífice toma um martelo (o mesmo que utilizaram vários Papas, como Pio XI em 1933, e dá três golpes dizendo uma fórmula que se inicia com as palavras: *Aperite mihi portas justitiae, ingressus in eas confitebor Domino* (Abri-me as portas da justiça, entrando por elas confessarei o Senhor). O simbolismo – arrombar a porta com esforço – significa a dificuldade do caminho cristão, mas ao mesmo tempo destaca que, uma vez transposta a entrada, encontra-se a grandeza extraordinária do amor e misericórdia de Deus.

Derruba-se a alvenaria que cerra a porta e, em seguida, o Papa se ajoelha diante da porta, enquanto os penitenciários de São Pedro a lavam com água benta. Logo, tomando a cruz, começa o *Te Deum* e entra na basílica, acompanhado do clero. Posteriormente, três cardeais legados, que o Papa enviou às outras três portas santas, abrem-nas com a mesma cerimônia. Essas três portas estão na igreja de São João de Latrão, igreja de São Paulo Extra-muros e igreja de Santa Maria Maior. Tudo isso se faz em tempo de Natal. No dia seguinte, pela manhã, o Papa benze as pedras e a argamassa, põe as primeiras pedras e se tapa a porta. Cerimônia que se repete nas outras três portas santas até o próximo Ano Jubilar.

O Jubileu ou Ano Santo extraordinário da Misericórdia

O Papa Francisco anunciou, sábado, 11 de abril de 2015, na Basílica de São Pedro, a celebração de um Ano Santo extraordinário, no segundo aniversário de seu pontificado, mediante a bula papal *Misericordiae Vultus* (O rosto da misericórdia, ou também, buscando a misericórdia). Esse Jubileu da Misericórdia se iniciará no presente ano com a abertura da Porta Santa, na Basílica de São Pedro, durante a solenidade da Imaculada Conceição, concluindo em 20 de novembro de 2016, com a solenidade de Nosso Senhor Jesus Cristo, Rei do Universo. Escutemos do Papa Francisco os fundamentos de sua decisão:

> Há momentos em que somos chamados, de maneira ainda mais intensa, a fixar o olhar na misericórdia, para nos tornarmos nós mesmos sinal eficaz do agir do Pai. Foi por isso que proclamei um Jubileu Extraordinário da Misericórdia como tempo favorável para a Igreja, a fim de se tornar mais forte e eficaz o testemunho dos crentes.
> Escolhi a data de 8 de dezembro, porque é cheia de significado na história recente da Igreja. Com efeito, abrirei a Porta Santa no cinquentenário da conclusão do Concílio Ecumênico Vaticano II. A Igreja sente a necessidade de manter vivo aquele acontecimento. Começava então, para

ela, um percurso novo da sua história. Os Padres, reunidos no Concílio, tinham sentido forte, como um verdadeiro sopro do Espírito, a exigência de falar de Deus aos homens do seu tempo de modo mais compreensível. Derrubadas as muralhas que, por demasiado tempo, tinham encerrado a Igreja numa cidadela privilegiada, chegara o tempo de anunciar o Evangelho de maneira nova. Uma nova etapa na evangelização de sempre. Um novo compromisso para todos os cristãos testemunharem, com mais entusiasmo e convicção, a sua fé. A Igreja sentia a responsabilidade de ser, no mundo, o sinal vivo do amor do Pai.

(*Misericordiae Vultus 3 e 4*)

O Jubileu da Misericórdia não é e não quer ser o Grande Jubileu do Ano 2000. É um Jubileu excepcional, já que por primeira vez na história se oferece a possibilidade de vivê-lo fora de Roma. O Papa Francisco estabeleceu que sucessivamente vão-se abrindo diferentes Portas Santas nas diferentes igrejas particulares ou dioceses do mundo, nas catedrais, nos santuários ou outras igrejas com significado especial, a critério de cada bispo, de maneira que em cada canto do planeta se abra em todo o Ano Santo uma Porta da Misericórdia idêntica. Cada igreja particular, então, estará diretamente comprometida a viver esse Ano Santo como um momento extraordinário de graça e de renovação espiritual. O Jubileu, portanto, será celebrado em Roma e nas igrejas particulares como sinal visível da comunhão de toda a Igreja.

Entre as outras características que o torna único é que se trata de um Jubileu temático. A própria evocação da misericórdia rompe com os esquemas tradicionais. Ela fortalece o conteúdo central da fé e reforça o desejo de lembrar à Igreja a missão prioritária que tem, que é a de ser sinal e testemunho da misericórdia em todos os aspectos de sua vida pastoral.

O Papa Francisco declarou um Ano Santo extraordinário, precisamente para viver no dia a dia a misericórdia que desde sempre o Pai nos concede. Neste Jubileu, deixemo-nos surpreender por Deus. A misericórdia tem um valor que vai além dos confins da Igreja. Deus nunca se cansa de destrancar a porta de seu coração para repetir que nos ama e quer compartilhar sua vida conosco.

O tema do Jubileu: "misericordiosos como o Pai"

Escutemos as palavras do Papa Francisco a respeito:

... O evangelista se refere ao ensinamento de Jesus, que diz: "Sede misericordiosos, como o vosso Pai é misericordioso" (Lc 6,36). É um programa de vida tão empenhativo como rico de alegria e paz. O imperativo de Jesus é dirigido a quantos ouvem a sua voz (cf. Lc 6,27). Portanto, para sermos capazes de misericórdia, devemos primeiro pôr-nos à escuta da Palavra de Deus. Isso significa recuperar o valor do silêncio, para meditar a Palavra que nos é dirigida. Deste modo, é possível contemplar a misericórdia de Deus e assumi-la como próprio estilo de vida.

É que os homens, no seu juízo, limitam-se a ler a superfície, enquanto o Pai vê o íntimo. Que grande mal fazem as palavras, quando são movidas por sentimentos de ciúme e inveja! Falar mal do irmão, na sua ausência, equivale a deixá-lo mal visto, a comprometer a sua reputação e deixá-lo à mercê das murmurações. Não julgar, nem condenar significa, positivamente, saber individuar o que há de bom em cada pessoa e não permitir que venha a sofrer pelo nosso juízo parcial e a nossa pretensão de saber tudo. Mas isto ainda não é suficiente para se exprimir a misericórdia. Jesus pede também para perdoar e dar. Ser instrumentos do perdão, porque primeiro o obtivemos nós de Deus. Ser generosos para com todos, sabendo que também Deus derrama a sua benevolência sobre nós com grande magnanimidade.

Misericordiosos como o Pai é, pois, o lema do Ano Santo. Na misericórdia, temos a prova de como Deus ama. Ele dá tudo de Si mesmo, para sempre, gratuitamente e sem pedir nada em troca. Vem em nosso auxílio quando o invocamos.

É significativo que a oração diária da Igreja comece com estas palavras: "Ó Deus, libertai-me; Javé, socorrei-me sem demora" (Sl 70,2). O auxílio que invocamos é já o primeiro passo da misericórdia de Deus para conosco. Ele vem para nos salvar da condição de fraqueza em que vivemos. E a ajuda dele consiste em fazer-nos sentir a sua presença e proximidade. Dia após dia, tocados pela sua compaixão, podemos também nós nos tornar compassivos para com todos; "misericordiosos como o Pai" (MV 11).

Dez sugestões para viver o ano Santo da Misericórdia

1

Peregrinar juntos neste Ano Santo

Pelo sinal *(ao mesmo tempo em que vamos recitando a oração, realizamos, com devoção, um sinal da cruz sobre nossa fronte, nossos lábios e nosso coração):*
†**Abri, Senhor, minha mente!** †**Abri, Senhor, meus lábios!** †**Abri, Senhor, meu coração, para que possa receber e anunciar vossa Palavra!**

(Cantar um cântico referente à Misericórdia.)

Deus nos fala

"A vós que me escutais eu digo: Amai vossos inimigos! Fazei o bem aos que vos odeiam! Bendizei os que vos maldizem e rezai pelos que vos caluniam! A quem vos bater numa face, apresenta-vos também a outra. A quem vos tirar o manto, não o impeçais de levar também a túnica.

Dai a todo aquele que vos pedir e não reclameis de quem vos tira o que é vosso. O que quereis que os outros vos façam, fazei-o a eles igualmente. Se amais os que vos amam, que merecimento tereis? Também os pecadores amam os que os amam. E se fizerdes o bem aos que vos fazem o bem, que merecimento tereis? Também os pecadores agem assim. E se emprestais àqueles de quem esperais receber, que merecimento tereis? Também os pecadores emprestam aos pecadores, para receberem o equivalente.

Ao contrário, amai vossos inimigos, fazei o bem e emprestai sem nada esperar em retribuição. Então será grande vossa recompensa e sereis filhos do Altíssimo, porque ele é bom para com os ingratos e para com os maus. Sede misericordiosos como vosso Pai é misericordioso!

Não julgueis os outros, e Deus não vos julgará; não condeneis, e Deus não vos condenará; perdoai, e Deus vos perdoará. Dai, e Deus vos dará: derramará em vosso regaço uma medida boa, comprimida, sacudida e transbordante. A mesma medida que usardes para medir os outros vos será aplicada também" (Lc 6,27-38).

MEDITAR A PALAVRA EM SILÊNCIO

O Papa Francisco nos fala

Isto será um sinal do fato que também a misericórdia é uma meta por alcançar e que requer compromisso e sacrifício. A peregrinação, então, seja estímulo para a conversão: atravessando a Porta Santa nos deixaremos abraçar pela misericórdia de Deus e nos comprometeremos a ser misericordiosos com os demais, como o Pai o é conosco.

No texto de Lucas, o Senhor Jesus indica as etapas da peregrinação pela qual é possível alcançar essa meta. Diz, antes de tudo, não julgar e não condenar. Se não se quer incorrer no juízo de Deus, ninguém pode converter-se em juiz do próprio irmão. Os homens, certamente com seus juízos, detêm-se na superfície, enquanto o Pai olha o interior. Quanto mal fazem as palavras quando estão motivadas por sentimentos de ciúmes e inveja.

Falar mal do próprio irmão em sua ausência equivale a expô-lo ao descrédito, a comprometer sua reputação e a deixá-lo a mercê de fofoca. Não julgar e não condenar significa, positivamente, saber perceber o que existe de bom em cada pessoa e não permitir que sofra por causa de nosso juízo parcial e por nossa presunção de saber tudo.

Sem dúvida, isso ainda não é suficiente para manifestar a misericórdia. Jesus pede também para perdoar e doar. Ser instrumentos do perdão, porque temos sido os primeiros a tê-lo recebido de Deus. Ser generosos com todos sabendo que também Deus derrama sobre nós sua benevolência com magnanimidade.

Para refletir e/ou compartilhar em grupo

1. Que diferenças observamos entre "transitar ao lado de" outros e "peregrinar junto com os outros"? Enumerar uma lista com semelhanças e diferenças.
2. Quais os elementos essenciais e constitutivos de nossa peregrinação pela vida, segundo o Papa Francisco?
3. Que significa para nós cristãos "alcançar a meta"? O que é importante na vida? Que coisas não são tão necessárias?
4. Somos instrumentos do perdão para os demais? Sabemos perceber o bem que há em cada pessoa ou vivemos julgando e/ou falando mal de nossos irmãos?
5. Neste Ano Santo, em que situações de nossa vida, individual e comunitária, necessitamos converter-nos e deixar-nos abraçar pela misericórdia de Deus? *(Realizar um plenário com tudo o que foi refletido.)*

Intenções

A cada intenção, responderemos: **Senhor dos peregrinos, ajudai-nos em nossa jornada pela vida!**

– Pedimos pelo nosso querido Papa Francisco, para que lhe deis a força e serenidade necessárias para conduzir a vossa Igreja pelos caminhos da Misericórdia Divina. Rezemos!
– Para que aprendamos a peregrinar junto a nossos irmãos, como Povo de Deus. Rezemos!
– Fazei com que vivamos com alegria e paz este Ano Santo e que cada dia nos encontreis mais comprometidos com nossos irmãos e companheiros de jornada. Rezemos!
– Dai-nos paciência e força para atravessar a Porta Santa de vosso coração. Rezemos!

– Ajudai-nos a assumir a Misericórdia como um estilo de vida. Rezemos!

– Que em todo momento de nossas vidas sejamos capazes de nos encontrar com a Misericórdia do vosso amor e transmiti-la. Rezemos!

(Acrescentar outras intenções individuais e comunitárias.)

(Rezar um Pai-nosso, uma Ave-Maria e o Glória.)

Repetir com convicção a invocação: Jesus, eu confio em vós! Jesus, eu confio em vós! Jesus, eu confio em vós!

Oração: Senhor dos peregrinos, que nos enviastes Jesus para dar-nos vida plena e mostrar-nos o rosto da misericórdia, nós vos pedimos que vosso Filho nos guie e conduza em nosso peregrinar neste mundo para vossa presença. Ajudai-nos a sermos pacientes e misericordiosos com aqueles que peregrinam ao nosso lado na vida. Ensinai-nos a amar com um profundo sentimento, cheio de ternura, compaixão, indulgência e perdão. Vós que viveis e reinais pelos séculos dos séculos. Amém!

(Cantar novamente o cântico escolhido ou outro cântico apropriado.)

† **Sinal da Cruz**

2

Deus manifesta sua onipotência quando é misericordioso

Pelo sinal *(ao mesmo tempo em que vamos recitando a oração, realizamos, com devoção, um sinal da cruz sobre nossa fronte, nossos lábios e nosso coração):*
†**Abri, Senhor, minha mente!** †**Abri, Senhor, meus lábios!**
†**Abri, Senhor, meu coração, para que possa receber e anunciar vossa Palavra!**

(Cantar um cântico referente à Misericórdia.)

Deus nos fala

"Passou, pois, Javé diante dele e ele exclamou: 'Javé, Javé, Deus compassivo e misericordioso, lento para a cólera e rico em bondade e em fidelidade, que conserva a misericórdia por mil gerações, que perdoa a iniquidade, a transgressão e o pecado (...)" (Êx 34,6-7).

"Por minha vida – oráculo do Senhor Javé – não sinto prazer na morte do pecador, mas que ele desista de sua conduta e viva" (Ez 33,11).

MEDITAR A PALAVRA EM SILÊNCIO

O Papa Francisco nos fala

"É próprio de Deus usar a misericórdia, e especialmente nisso se manifesta sua onipotência." Essas palavras de Santo Tomás de Aquino mostram quanto a misericórdia divina não é em absoluto um sinal de fraqueza; muito ao contrário, é a qualidade da onipotência de Deus. É por isso que a liturgia, em uma das orações mais antigas, convida a orar dizendo: "Ó Deus, que revelais vossa onipotência, sobretudo na misericórdia e no perdão!" Deus será sempre para a humanidade como Aquele que está presente, próximo, providente, santo e misericordioso.

"Paciente e misericordioso" é o binômio que frequentemente aparece no Antigo Testamento para descrever a natureza de Deus. O seu ser misericordioso se manifesta concretamente em tantas ações da História da Salvação, na qual sua bondade prevalece acima do castigo e da destruição. Assim, pois, a misericórdia de Deus não é uma ideia abstrata, mas uma realidade concreta com a qual Ele revela seu amor, que é como o de um pai ou de uma mãe que se comovem no mais profundo de suas entranhas pelo próprio filho. Vale dizer que se trata realmente de um amor "visceral". Provém do mais íntimo como um sentimento profundo, natural, feito de ternura e compaixão, de indulgência e de perdão.

Como se pode notar, a misericórdia na Sagrada Escritura é a palavra-chave para indicar a atuação de Deus para conosco. Ele não se limita a afirmar seu amor, mas o torna visível e tangível. O amor, acima de tudo, nunca poderá ser uma palavra abstrata. Por sua natureza mesma é vida concreta: intenções, atitudes, comportamentos que se verificam no viver cotidiano. A misericórdia de Deus é sua responsabilidade para conosco. Ele se sente responsável, isto é, deseja nosso bem e quer ver-nos felizes, cheios de alegria e serenos. É nessa mesma amplitude de onda que se deve orientar o amor misericordioso dos cristãos. Como ama o Pai, assim amam os filhos. Como Ele é misericordioso, assim somos nós chamados a ser misericordiosos uns para com os outros.

Para refletir e/ou compartilhar em grupo

1. Pensemos em situações concretas de nossa vida nas quais pudemos ter misericórdia com os outros. O que sentimos nesses momentos?
2. A onipotência e a misericórdia são conceitos contrapostos? Justifiquemos e compartilhemos nossas respostas.
3. No ambiente em que nos movemos todos os dias: nossa família, o estudo, o trabalho, nosso grupo de convívio, entre outros, com quem teríamos de ser mais pacientes e misericordiosos?
4. O que podemos fazer concretamente para aqueles que estão sofrendo ao nosso redor?
5. Em grupo, pensar cinco ações concretas para aliviar o sofrimento de nosso próximo. Concretizar e definir a quem, como, quando, com que recursos, em que momento, por quanto tempo. Escrever isso em um cartaz.

Intenções

A cada intenção, responderemos: **Senhor da Misericórdia, nós vos pedimos que moreis em nosso coração!**

– Nós vos pedimos pelo Papa Francisco, para que possa continuar proclamando ao mundo todo o rosto misericordioso de Deus Pai. Rezemos!

– Fazei que vossa Igreja possa expressar vosso amor misericordioso, de maneira visível e tangível para o mundo. Rezemos!

– Ajudai-nos a fazer de vossa misericórdia nossa experiência de vida. Rezemos!

– Nós vos pedimos que nos permitais descobrir que o importante na vida é amar nossos irmãos como o fez Jesus. Rezemos!

– Fazei que possamos descobrir vossa grandeza por meio de vossa misericórdia divina, sempre pronta para perdoar. Rezemos!

– Ensinai-nos a ser pacientes e misericordiosos com nossos irmãos. Rezemos!

(Acrescentar outras intenções individuais e comunitárias.)

(Rezar um Pai-nosso, uma Ave-Maria e o Glória.)

Repetir com convicção a invocação: Jesus, eu confio em vós! Jesus, eu confio em vós! Jesus, eu confio em vós!

Oração: Pai, que vosso amor divino venha em nosso auxílio e nos faça cada dia mais misericordiosos. Atravessai-nos com vossa Misericórdia e fazei de nossas vidas um lugar de luz para nós, nossas famílias e todos aqueles que nos rodeiam, que são necessitados. Nós vos pedimos por Jesus Misericordioso! Amém! Aleluia!

(Cantar novamente o cântico escolhido ou outro cântico apropriado.)

† **Sinal da Cruz**

3

Deus vai além da justiça com a misericórdia e o perdão

Pelo sinal *(ao mesmo tempo em que vamos recitando a oração, realizamos, com devoção, um sinal da cruz sobre nossa fronte, nossos lábios e nosso coração):*
†Abri, Senhor, minha mente! †Abri, Senhor, meus lábios! †Abri, Senhor, meu coração, para que possa receber e anunciar vossa Palavra!

(Cantar um cântico referente à Misericórdia.)

Deus nos fala

"Quando Israel era menino, eu o amei e do Egito chamei meu filho. Mas quanto mais os chamava, mais se afastavam de mim; imolavam vítimas aos Baals, aos ídolos queimavam incenso. Fui eu que ensinei Efraim a andar, eu o tomei pelos braços, mas eles não compreenderam que eu cuidava deles.

Eu o atraía com laços de bondade, com vínculos de amor; era para eles como quem ergue uma criança até o rosto, eu me inclinava até eles para dar-lhes de comer. Não voltará ao país do Egito, mas Assur será seu rei, porque não quiseram converter-se. A espada se abaterá sobre suas cidades, exterminará seus filhos e os devorará por causa de suas intrigas. Meu povo está decidido a se afastar de mim; embora chamem por Baal, ele não os reerguerá.

Como poderia eu abandonar-te, Efraim? Como entregar-te a outros, Israel? Como poderia eu tratar-te igual a Adama, ou fazer-te semelhante a Seboim? Meu coração se comove dentro de mim, toda a minha compaixão se acende em mim. Não darei vez ao ardor de minha ira, não voltarei a destruir Efraim, porque sou Deus e não homem; sou o Santo no meio de ti: não irei até vós em minha ira" (Os 11,1-9).

MEDITAR A PALAVRA EM SILÊNCIO

O Papa Francisco nos fala

Diante da visão de uma justiça como mera observância da lei que julga, dividindo as pessoas em justos e pecadores, Jesus inclina-se a mostrar o grande dom da misericórdia que busca os pecadores para oferecer-lhes o perdão e a salvação. Jesus afirma que de agora em diante a regra de vida de seus discípulos deverá ser a que dá primado à misericórdia, como Ele mesmo testemunha compartilhando a mesa com os pecadores. A misericórdia, mais uma vez, revela-se como dimensão fundamental da missão de Jesus. Jesus vai mais além da lei; seu compartilhar com aqueles que a lei considerava pecadores permite compreender até onde chega sua misericórdia.

A conversão de São Paulo a Cristo o levou a ampliar sua visão precedente. O juízo de Deus não se constitui na observância ou não da lei, mas na fé em Jesus Cristo, que com sua morte e ressurreição traz a salvação junto com a misericórdia que justifica. A justiça de Deus converte-se agora em libertação para quantos estão oprimidos pela escravidão do pecado e suas consequências. A justiça de Deus é seu perdão.

Ser-nos-á inútil nesse contexto lembrar a relação existente entre justiça e misericórdia. Não são dois momentos contrastantes entre si, mas um só momento que se desenvolve progressivamente até alcançar seu ápice na plenitude do amor. A misericórdia não é contrária à justiça, mas expressa o comportamento de Deus para com o pecador, oferecendo-lhe uma ulterior possibilidade para examinar-se, converter-se e crer. Se Deus se mantivesse na justiça, deixaria de ser Deus; seria como todos os homens que invocam respeito pela lei. A justiça por si mesmo não basta, e a experiência ensina que apelando somente para ela corre-se o risco de destruí-la. Por isso, Deus vai mais além da justiça com a misericórdia e o perdão.

Isso não significa tirar o valor da justiça ou torná-la supérflua, ao contrário, quem erra deve cumprir a pena. Só que isso não é o fim, mas o início da conversão, porque se experimenta a ternura do perdão. Deus não rechaça a justiça. Ele a engloba e a supera em um evento superior, no qual se experimenta o amor, que está na base de uma verdadeira justiça. Essa justiça de Deus é a misericórdia concedida a todos como graça em razão da morte e ressurreição de Jesus Cristo. A Cruz de Cristo, então, é o juízo de Deus sobre nós e sobre o mundo, porque nos oferece a certeza do amor e da vida nova.

Para refletir e/ou compartilhar em grupo

1. Pensemos em situações de nossa vida, nas quais reclamamos justiça ou percebemos que foram muito injustas conosco. O que sentimos nesses momentos? Pode-se fazer uma lista e compartilhar em grupo de três ou quatro.

2. Em que situações consideramos que o perdão supera a justiça? Pensemos exemplos concretos.

3. Compartilhemos o que nos sugere a frase do Papa Francisco: "A justiça de Deus é seu perdão".

4. Cremos ser possível conciliar justiça com misericórdia? De que maneira?

5. O que Jesus ensinou sobre isso? Em que passagens do Evangelho, Jesus nos mostrou que é possível entender que a misericórdia vai mais além da justiça?

Intenções

A cada intenção, responderemos: **Senhor da Paciência, nós vos pedimos que converteis nosso coração de pedra em um coração sensível!**

– Protegei o Papa Francisco e fazei que seu testemunho corajoso da Misericórdia de Deus sirva de união entre todos os povos. Rezemos!

– Nós vos pedimos que a misericórdia seja a regra de vida de todos os discípulos de Jesus, reunidos na Igreja. Rezemos!

– Ensinai-nos a ser justos, mas sobretudo, ajudai-nos a ser misericordiosos com nossos irmãos. Rezemos!

– Pai, nós vos pedimos que salveis nossas almas, libertando-as de todas as nossas limitações, para que os frutos de nossas obras sejam manifestações de vosso amor. Rezemos!

– Nós vos pedimos que mudeis nossas decisões egoístas, nossa arrogância, nossa tristeza e toda chama negativa que se encontrem em nosso interior. Rezemos!

– Nós vos pedimos perdão por todos aqueles a quem ferimos, para que, por intercessão de Jesus Misericordioso, nos ajudeis a reconciliar-nos com eles e sanar suas feridas. Rezemos!

(Acrescentar outras intenções individuais e comunitárias.)

(Rezar um Pai-nosso, uma Ave-Maria e o Glória.)

Repetir com convicção a invocação: Jesus, eu confio em Vós! Jesus, eu confio em Vós! Jesus, eu confio em Vós!

Oração: Senhor da Paciência, pelo dom de vossa graça, abri as portas de nosso coração, para que possamos experimentar vosso consolo e perdão. Nós vos rogamos que nos ajudeis a ser misericordiosos com nossos irmãos e que, pelo dom da fé em Jesus, nos tragais a Salvação. Por vossa grande misericórdia, perdoai nossas faltas e ajudai-nos a viver conforme a vossa Palavra! Nós vos pedimos a vós, que viveis e reinais por todos os séculos dos séculos. Amém! Aleluia!

(Cantar novamente o cântico escolhido ou outro cântico apropriado.)

† **Sinal da Cruz**

4

Jesus Cristo é o rosto da Misericórdia do Pai

Pelo sinal *(Ao mesmo tempo em que vamos recitando a oração, realizamos, com devoção, um sinal da cruz sobre nossa fronte, nossos lábios e nosso coração):*
†Abri, Senhor, minha mente! †Abri, Senhor, meus lábios! †Abri, Senhor, meu coração, para que possa receber e anunciar vossa Palavra!

(Cantar um cântico referente à Misericórdia.)

Deus nos fala

"Mas Deus, que é rico em misericórdia, movido pelo grande amor com que nos amou, quando estávamos mortos por causa de nossos pecados, fez-nos reviver com Cristo. É por graça que fostes salvos!

Com ele nos ressuscitou e com ele nos fez sentar nos céus, em Cristo Jesus. Quis assim mostrar, nos séculos futuros, a extraordinária riqueza de sua graça, manifestada em sua bondade para conosco, em Cristo Jesus. Foi por essa graça que fostes salvos, por meio da fé. E isso não vem de vós, é dom de Deus; nem vem das obras, para que ninguém possa gloriar-se.

Com efeito, nós somos obra sua, pois fomos criados em Cristo Jesus em vista das boas obras que Deus preparou, já antes, para serem por nós praticadas" (Ef 2,4-10).

Meditar a Palavra em silêncio

O Papa Francisco nos fala

Jesus de Nazaré com sua palavra, com seus gestos e com toda sua pessoa revela a misericórdia de Deus. Com o olhar fixo em Jesus e em seu rosto misericordioso podemos perceber o amor da Santíssima Trindade. A missão que Jesus recebeu do Pai foi a de revelar o mistério do amor divino em plenitude.

"Deus é amor" (1Jo 4,8.16), afirma, pela primeira e única vez em toda a Sagrada Escritura, o evangelista João. Esse amor se fez agora visível e tangível em toda a vida de Jesus. Sua pessoa não é outra coisa senão o amor. Um amor que se doa e se oferece gratuitamente. Suas relações com as pessoas que se aproximam deixam ver algo único e irrepetível. Os sinais que realiza, sobretudo para com os pecadores, para com as pessoas pobres, excluídas, enfermas e sofredoras trazem o distintivo da misericórdia. Nele tudo fala de misericórdia. Nada nele é falta de compaixão. O que movia Jesus em todas as circunstâncias não era senão a misericórdia, com a qual lia o coração dos interlocutores e respondia a suas necessidades mais reais.

Jesus, diante da multidão que o seguia, vendo que as pessoas estavam cansadas e extenuadas, perdidas e sem rumo, sentiu no profundo do coração uma intensa compaixão por elas. Por causa desse amor compassivo curou os enfermos que se apresentavam e com poucos pães e peixes saciou a fome de grandes multidões.

Quando encontrou a viúva de Naim, que levava seu único filho ao sepulcro, sentiu grande compaixão pela dor da mãe em lágrimas e lhe devolveu seu filho, ressuscitando-o da morte. Também a vocação de Mateus se coloca no horizonte da misericórdia. Passando diante da banca dos impostos, os olhos de Jesus pousam sobre os de Mateus. Era um olhar carregado de misericórdia que perdoava os pecados daquele homem e, vencendo a resistência dos outros discípulos, escolhe-o, o pecador e publicano, para que seja um dos Doze. São Beda Venerável, comentando essa cena do Evangelho, escreveu que Jesus "o olhou com misericórdia e o elegeu" (*miserando atque eligendo*, em latim). Sempre me cativou essa expressão, tanto que quis fazer dela meu próprio lema.

Para refletir e/ou compartilhar em grupo

1. Somos capazes de ler no coração dos outros a situação de vida deles?
2. O que nos impede de nos aproximar dos outros? Fazer uma lista.
3. Que atitudes nossas facilitam o encontro com o outro? Fazer uma lista.
4. Comparar ambas as listas e compará-las com a atuação de Jesus.
5. Os outros percebem em nós o rosto misericordioso de Jesus? De que maneira? Em que ocasiões?

Intenções

A cada intenção, responderemos: **Ajudai-nos a ser compassivos e misericordiosos como Jesus!**

– Acompanhai o Papa Francisco em sua missão de anunciar e revelar o mistério do amor, proclamado por Jesus. Rezemos!

– Iluminai a Igreja para que cada dia demonstre, com sua atuação, a riqueza do amor, manifestado em Cristo Jesus. Rezemos!

– Fazei que possamos descobrir, em nossos irmãos, o rosto sofredor de Jesus. Rezemos!

– Nós vos pedimos que nos ajudeis a sermos compassivos com nossos irmãos que sofrem, que estão desamparados e são excluídos das riquezas deste mundo. Rezemos!

– Ajudai-nos a enfrentar, com paciência e fortaleza, o caminho da enfermidade que abate nosso espírito e nosso corpo, quando afeta nossas vidas. Rezemos!

– Ensinai-nos a ser solidários com todos os nossos irmãos que estão passando por momentos de dor; convertei nossa indiferença que é a outra cara silenciosa da violência. Rezemos!

(Acrescentar outras intenções individuais e comunitárias.)

(Rezar um Pai-nosso, uma Ave-Maria e o Glória.)

Repetir com convicção a invocação: Jesus, eu confio em vós! Jesus, eu confio em vós! Jesus, eu confio em vós!

Oração: Senhor do perdão, que nos enviastes vosso Filho único, Jesus, para que conhecêssemos o Caminho, a Verdade e a Vida, nós vos pedimos que nunca nos apartemos da senda que conduz à vossa divina misericórdia. Fazei que por seus méritos possamos alcançar a felicidade e a vida eterna, junto a todos os vossos filhos no Reino dos Céus. Vós que viveis e reinais pelos séculos dos séculos. Amém! Aleluia!

(Cantar novamente o cântico escolhido ou outro cântico apropriado.)

† **Sinal da Cruz**

5

Um tempo oportuno para mudar de vida

Pelo sinal *(ao mesmo tempo em que vamos recitando a oração, realizamos, com devoção, um sinal da cruz sobre nossa fronte, nossos lábios e nosso coração):*
†**Abri, Senhor, minha mente!** †**Abri, Senhor, meus lábios!** †**Abri, Senhor, meu coração, para que possa receber e anunciar vossa Palavra!**

(Cantar um cântico referente à Misericórdia.)

Deus nos fala: "Jesus entrou em Jericó e estava atravessando a cidade. Um homem chamado Zaqueu, chefe dos publicanos e rico, procurava ver quem era Jesus, mas, por causa da multidão, não conseguia, pois era pequeno de estatura.
Correndo adiante, subiu a um sicômoro para vê-lo, porque ele iria passar por ali. Quando Jesus chegou a esse lugar, levantou os olhos e disse-lhe: 'Zaqueu, desce depressa, porque hoje devo hospedar-me em tua casa'. Ele desceu a toda pressa e recebeu-o com alegria. Vendo isso, todos murmuravam, dizendo: 'Foi hospedar-se na casa de um pecador'. Mas Zaqueu levantou-se e disse ao Senhor: 'Senhor, vou dar a metade de meus bens aos pobres e, se prejudiquei alguém em alguma coisa, vou devolver quatro vezes mais'.
Disse-lhe Jesus: 'Hoje a salvação chegou a esta casa, porque também este é filho de Abraão; pois o Filho do homem veio procurar e salvar o que estava perdido'" (Lc 19,1-10).

Meditar a Palavra em silêncio

O Papa Francisco nos fala

A palavra do perdão possa chegar a todos, e o apelo para experimentar a misericórdia não deixe ninguém indiferente. Meu convite à conversão dirige-se com maior insistência àquelas pessoas que se encontram longe da graça de Deus por causa de sua conduta de vida. Para o bem de todos, peço-lhes para mudar de vida. Eu lhes peço em nome do Filho de Deus que, conquanto combata o pecado, nunca afasta pecador algum. Não caiam no terrível engano de pensar que a vida depende do dinheiro, diante do qual todo o resto perde valor e dignidade. É pura ilusão.

Para o além não levamos o dinheiro. O dinheiro não nos dá a verdadeira felicidade. A violência usada para ajuntar fortunas que derramam sangue não converte ninguém em poderoso, nem imortal. Para todos, cedo ou tarde, chega o juízo de Deus do qual ninguém pode escapar.

O mesmo apelo chegue também a todas as pessoas promotoras ou cúmplices da corrupção. A corrupção é uma obstinação no pecado, que pretende substituir Deus pela ilusão do dinheiro como forma de poder. Para erradicá-la da vida pessoal e social, são necessárias a prudência, vigilância, lealdade, transparência, unidas à coragem da denúncia. Se não se combater abertamente a corrupção, cedo ou tarde ela buscará cúmplices e destruirá a existência.

Este é o tempo oportuno para mudar de vida! Este é o tempo para que se deixe tocar o coração!

Para refletir e/ou compartilhar em grupo

1. Pensamos naqueles que sentimos distantes por diferentes circunstâncias?
2. Somos capazes de tomar a iniciativa, como Jesus, para restabelecer vínculos?

3. Que atitudes seriam necessárias de nossa parte? Escrever uma pequena lista de atitudes, colocando-a no coração de Jesus. Rezemos pelo outro.
4. O que nos sugere a frase de Francisco: *Este é o tempo oportuno para mudar de vida?*
5. Deixamos o amor misericordioso de Jesus tocar nosso coração?

Intenções

A cada intenção responderemos: **Ajudai-nos a mudar de vida e a converter nosso coração!**

– Nós vos pedimos que protejais e acompanheis o Papa Francisco para que continue denunciando, com firmeza, as injustiças e a desigualdade deste mundo. Rezemos!

– Para que a Igreja continue sendo fiel à sua missão profética de denunciar tudo aquilo que atenta contra a vida humana. Rezemos!

– Ajudai-nos a tomar consciência e livrar-nos de todo sistema corrupto, que destrói nossas vidas e a de nossos irmãos. Rezemos!

– Nós vos pedimos pelos que têm mais, para que toqueis seu coração e os façais sensíveis diante das necessidades dos mais pobres. Rezemos!

– Ajudai-nos a ser cada dia mais comprometidos, denunciando toda sorte de opressão e escravidão, submissão e corrupção. Rezemos!

– Fazei que possamos mudar, com nossas atitudes de vida, todo sistema que conduz à insensibilidade social. Rezemos!

(Acrescentar outras intenções individuais e comunitárias.)

(Rezar um Pai-nosso, uma Ave-Maria e o Glória.)

Repetir com convicção a invocação: Jesus, eu confio em vós! Jesus, eu confio em vós! Jesus, eu confio em vós!

Oração: Senhor da fortaleza e do perdão, nós vos pedimos que venhais em nosso auxílio e nos orienteis quando estivermos perdidos, distantes de vós e de nossos irmãos. Fazei que possamos aproximar-nos de vós, com um coração contrito e arrependido, e que, pelos méritos do precioso sangue de vosso Filho, Jesus Cristo, nossos pecados sejam perdoados e possamos alcançar a felicidade e a vida em plenitude. Nós vos pedimos por Jesus Cristo, nosso Senhor! Amém! Aleluia!

(Cantar novamente o cântico escolhido ou outro cântico apropriado.)

† **Sinal da Cruz**

6

As obras de misericórdia

Pelo sinal *(ao mesmo tempo em que vamos recitando a oração, realizamos, com devoção, um sinal da cruz sobre nossa fronte, nossos lábios e nosso coração):*
†Abri, Senhor, minha mente! †Abri, Senhor, meus lábios! †Abri, Senhor, meu coração, para que possa receber e anunciar vossa Palavra!

(Cantar um cântico referente à Misericórdia.)

Deus nos fala: "Quando o Filho do homem voltar em sua glória, acompanhado de todos os seus anjos, irá sentar-se em seu trono glorioso. Todas as nações se reunirão diante dele, e ele separará as pessoas umas das outras, como o pastor separa as ovelhas dos cabritos. Porá as ovelhas a sua direita e os cabritos a sua esquerda.

Então o rei dirá aos que estiverem à direita: 'Vinde, benditos de meu Pai, recebei em herança o reino que vos está preparado desde a criação do mundo. Pois eu estive com fome e me destes de comer, estive com sede e me destes de beber, fui estrangeiro e me acolhestes, estive nu e me vestistes, fiquei doente e me visitastes, estive na prisão e me fostes ver'. Os justos então lhe perguntarão: 'Mas, Senhor, quando foi que te vimos com fome e te demos de comer, com sede e te demos de beber, estrangeiro e te acolhemos, ou nu e te vestimos, doente ou na prisão e te fomos visitar?' Aí o rei responderá: 'Na verdade vos digo: toda vez que fizestes isso a um desses mais pequenos dentre meus irmãos foi a mim que o fizestes!'

Depois dirá àqueles que estiverem a sua esquerda: 'Afastai-vos de mim, malditos! Ide para o fogo eterno, preparado para o diabo e seus anjos! Pois eu estive com fome e não me destes de comer, estive com sede e não me destes de beber, fui estrangeiro e não me acolhestes, estive nu e não me vestistes, estive doente e na prisão e não me visitastes'. Também estes lhe perguntarão: 'Mas quando foi, Senhor, que te vimos com fome, ou com sede, ou estrangeiro, ou nu, ou doente, ou na prisão e não te ajudamos?' E ele lhes responderá: 'Na verdade vos digo: cada vez que deixastes de fazê-lo a um desses mais pequenos foi a mim que o deixastes de fazer'. E estes irão para o castigo eterno; os justos, porém, para a vida eterna" (Mt 25,31-46).

MEDITAR A PALAVRA EM SILÊNCIO

O Papa Francisco nos fala

Jesus expressa que de agora em diante a regra de vida de seus discípulos deverá ser a que dá a primazia à misericórdia, como Ele mesmo testemunha, compartilhando a mesa com os pecadores. A misericórdia, uma vez mais, revela-se como dimensão fundamental da missão de Jesus. Ir ao encontro de cada pessoa levando a bondade e a ternura de Deus. A todos, crentes e distantes, possa chegar o bálsamo da misericórdia como sinal do Reino de Deus, que está já presente no meio de nós.

É meu vivo desejo que o povo cristão reflita durante o Jubileu sobre as obras de misericórdia corporais e espirituais. Será um modo para despertar nossa consciência, muitas vezes anestesiada diante do drama da pobreza, e para entrar ainda mais no coração do Evangelho, no qual os pobres são os privilegiados da misericórdia divina. A pregação de Jesus nos apresenta essas obras de misericórdia para que possamos avaliar se vivemos ou não como seus discípulos.

Redescubramos as **obras de misericórdia corporais**: dar de comer a quem tem fome, dar de beber a quem tem sede, vestir os nus, acolher os forasteiros, visitar, cuidar e assistir os doentes, visitar os prisioneiros, enterrar os mortos. E não esqueçamos as **obras de misericórdia espirituais**: dar conselho a quem precisa, ensinar a quem não sabe, corrigir o que erra, consolar o triste, perdoar as ofensas, suportar com paciência os defeitos do próximo, rezar a Deus pelos vivos e pelos defuntos.

Não podemos escapar das palavras do Senhor, pois com base nelas seremos julgados se demos de comer ao faminto e de beber ao sedento; se acolhemos o estrangeiro e vestimos o nu; se dedicamos tempo para acompanhar quem estava enfermo ou prisioneiro. Igualmente nos perguntará se ajudamos a superar a dúvida, que faz sucumbir ao medo e ocasionalmente é fonte de solidão; se fomos capazes de vencer a ignorância na qual vivem milhões de pessoas, sobretudo as crianças privadas da ajuda necessária para ser resgatadas da pobreza; se fomos capazes de ser próximos de quem estava sozinho e aflito; se perdoamos a quem nos ofendeu e afastamos qualquer forma de rancor ou de violência que gera a violência; se tivemos paciência segundo o exemplo de Deus, que é tão paciente conosco; finalmente, se recomendamos ao Senhor em oração nossos irmãos e irmãs.

Em cada um desses pequeninos está presente Cristo. Sua carne se faz de novo visível como corpo martirizado, chagado, flagelado, desnutrido, em fuga, para que o reconheçamos, toquemo-lo e lhe demos assistência com cuidado. Lembremo-nos das palavras de São João da Cruz: "No findar de nossas vidas seremos julgados no amor".

Para refletir e/ou compartilhar em grupo

1. Relendo as obras de misericórdia corporais, pensamos em situações concretas nas quais agimos, como nos pede Jesus, com algum desconhecido, ou nas quais algum conhecido agiu assim conosco? Que sentimos nesse momento?
2. Relendo as obras de misericórdia espirituais, como no item anterior, podemos compartilhá-las em grupo de três ou quatro.
3. Que outras maneiras ou formas nos ocorrem para ajudar nosso próximo?

4. Quem consideramos nosso próximo?
5. Em plenário podemos realizar um projeto concreto para sairmos ao encontro de quem precisa, definindo metas, destinatários, momentos, recursos etc.

Intenções

A cada intenção, responderemos: **Pai da Misericórdia, ajudai-nos a ser misericordiosos!**

– Nós vos pedimos que, seguindo o exemplo do Papa Francisco, possamos aproximar-nos de nossos irmãos necessitados com um coração misericordioso. Rezemos!

– Para que todos os membros de vossa Igreja não sejam indiferentes a vosso chamado a viver a vossa misericórdia e fazer viver cada dia nela. Rezemos!

– Nós vos pedimos por todos os que sofrem carências corporais de todo o tipo: os que não têm teto, os que passam fome, os que têm frio, os enfermos, os encarcerados, os desamparados e escravos do mundo atual, para que sempre encontrem um irmão que os ajude, em nome de Jesus. Rezemos!

– Nós vos pedimos pelos que são tratados como estrangeiros em sua própria terra, pelos sem-terra, pelos refugiados, pelos nômades da vida, para que encontrem seu lugar no mundo, e fazei que saibamos ser compassivos e recebê-los em nossas vidas. Rezemos!

– Nós vos pedimos pelos que ofendemos consciente e inconscientemente, causando-lhes dano físico ou espiritual, para que possamos curar a relação. Rezemos!

– Nós vos pedimos por nossas enfermidades e as de nossos irmãos, para que nos deis consolo e paciência, de maneira que possamos curar nosso corpo, nossa mente e nossa alma pelo milagre de vossa Misericórdia. Rezemos!

(Acrescentar as intenções individuais e comunitárias.)

(Rezar um Pai-nosso, uma Ave-Maria e o Glória.)

Repetir com convicção a invocação: Jesus, eu confio em vós! Jesus, eu confio em vós! Jesus, eu confio em vós!

Oração: Senhor, ajudai-nos a ser um bálsamo de vossa Misericórdia para com os outros, como sinal de vosso Reino presente entre nós! Fazei que possamos levar a cada ser humano vossa bondade e vossa ternura, de maneira que estejamos atentos a todos aqueles que necessitam de nossas obras corporais e espirituais. Dai-nos a fortaleza e a generosidade para que possamos ajudar e acompanhar os que passam fome e frio, estão presos ou enfermos, dar sepultura cristã aos mortos e acompanhar os vivos em sua dor. Dai-nos sabedoria para ensinar a quem não sabe, consolar o triste e suportar os defeitos do próximo. Nós vos pedimos por Jesus Misericordioso, nosso Senhor. Amém! Aleluia!

(Cantar novamente o cântico escolhido ou outro cântico apropriado.)

† Sinal da Cruz

7
O anúncio alegre do perdão

Pelo sinal *(ao mesmo tempo em que vamos recitando a oração, realizamos, com devoção, um sinal da cruz sobre nossa fronte, nossos lábios e nosso coração):*
†Abri, Senhor, minha mente! †Abri, Senhor, meus lábios! †Abri, Senhor, meu coração, para que possa receber e anunciar vossa Palavra!

(Cantar um cântico referente à Misericórdia.)

Deus nos fala

Disse ainda: "Um homem tinha dois filhos. O mais novo disse ao pai: 'Pai, dá-me a parte da herança que me pertence'. E o pai dividiu seus bens entre ambos. Poucos dias depois, o filho mais novo reuniu tudo o que lhe pertencia e partiu para uma terra distante. Lá dissipou todos os seus bens, levando uma vida dissoluta. Depois de haver esbanjado tudo, houve grande fome naquele país, e ele começou a passar necessidade.
Então foi pedir emprego a um dos moradores do lugar, o qual o mandou para seu sítio, para tomar conta de porcos. Desejava matar a fome com a lavagem dos porcos, mas nem isso lhe davam. Caindo em si, refletiu: 'Quantos empregados de meu pai têm pão com fartura, e eu aqui estou morrendo de fome! Vou partir ao encontro de meu pai e vou dizer-lhe: 'Pai, pequei contra o céu e contra ti. Não mereço mais ser chamado teu filho; trata-me como a um de teus empregados'. E partiu

ao encontro de seu pai. Quando estava ainda longe, seu pai o avistou e, movido de compaixão, correu a seu encontro, atirou-se-lhe ao pescoço e cobriu-o de beijos. Então lhe disse o filho: 'Pai, pequei contra o céu e contra ti; não mereço mais ser chamado teu filho...' Mas o pai disse aos empregados: 'Trazei depressa a roupa mais bela e vesti-o; ponde-lhe um anel no dedo e sandálias nos pés. Trazei o vitelo gordo e matai-o. Comamos e festejemos, porque este meu filho estava morto e reviveu; estava perdido e foi encontrado'. E começaram a festejar.

Ora, seu filho mais velho encontrava-se no sítio. De volta, ao aproximar-se de casa, ouviu a música e as danças. Chamou um dos criados e perguntou-lhe o que era aquilo. Este lhe respondeu: 'É teu irmão que voltou; e teu pai mandou matar o vitelo gordo, porque o recuperou são e salvo'. Ele ficou indignado e não queria entrar. Seu pai saiu e tentava persuadi-lo. Mas ele respondeu ao pai: 'Há tantos anos que te sirvo, sem jamais desobedecer a uma ordem tua, e nunca me deste um cabrito, para eu festejar com meus amigos. No entanto, depois que volta este teu filho, que esbanjou tua fortuna com as meretrizes, mandas matar para ele o vitelo gordo'. Mas o pai lhe disse: 'Meu filho, tu estás sempre comigo e tudo o que é meu é teu também. Mas era preciso a gente festejar e se alegrar, porque este teu irmão estava morto e reviveu, estava perdido e foi encontrado" (Lc 15,11-32).

Meditar a Palavra em silêncio

O Papa Francisco nos fala

Chegou de novo para a Igreja o tempo de encarregar-se do anúncio alegre do perdão. É o tempo de retornar ao essencial para fazer-nos cuidar das fraquezas de nossos irmãos. O perdão é uma força que ressuscita para uma vida nova e infunde o valor para olhar, para o futuro, com esperança. Por outro lado, é triste constatar como a experiência do perdão em nossa cultura se desvanece cada vez mais. Inclusive a palavra mesma, em alguns momentos, parece evaporar-se. Sem o testemunho do perdão, sem dúvida, resta apenas uma vida infecunda e estéril, como se vivêssemos num deserto desolado.

Nas parábolas dedicadas à misericórdia, Jesus revela a natureza de Deus como a de um Pai que jamais se dá por vencido, até que seja dissolvido o pecado e superada a rejeição com a compaixão e a misericórdia. Conhecemos essas parábolas; três em particular: a da ovelha perdida, a da moeda extraviada e a do pai e os dois filhos (cf. Lc 15,11-32). Nessas parábolas, Deus é apresentado sempre cheio de alegria, especialmente quando perdoa. Nelas encontramos o núcleo do Evangelho e de nossa fé, porque a misericórdia se mostra como a força que tudo vence, que enche de amor o coração e que consola com o perdão.

De outra parábola, ainda, podemos tirar um ensinamento para nosso estilo de vida cristão. Provocado pela pergunta de Pedro sobre quantas vezes seria necessário perdoar, Jesus responde: "Não te digo até sete, mas até setenta vezes sete" (Mt 18,22) e contou a parábola do "servo cruel" (Mt 18,35). E Jesus conclui: "O mesmo fará também meu Pai celestial com vocês, se não perdoam de coração a seus irmãos".

Jesus afirma que a misericórdia não é somente o atuar do Pai, mas que ela se converte no critério para saber quem são realmente seus filhos. Assim então, somos chamados a viver a misericórdia, porque primeiramente a nós foi aplicada a misericórdia. Como é difícil muitas vezes perdoar! E, no entanto, o perdão é o instrumento posto em nossas frágeis mãos para alcançar a serenidade de coração. Deixar cair o rancor, a raiva, a violência e a vingança são condições necessárias para vivermos felizes.

Possa a palavra do perdão chegar a todos, e o apelo para experimentar a misericórdia não deve deixar ninguém indiferente. Meu convite à conversão dirige-se com maior insistência àquelas pessoas que se encontram distantes da graça de Deus por causa de sua conduta de vida. Muitas pessoas estão voltando a aproximar-se do sacramento da reconciliação e entre elas muitos jovens, que, numa experiência semelhante, costumam reencontrar o caminho para voltar ao Senhor, para viver um momento de intensa oração e redescobrir o sentido da própria vida. Novamente colocamos convencidos no centro o sacramento da reconciliação, porque nos permite experimentar na própria carne a grandeza da misericórdia. Será para cada penitente fonte de verdadeira paz interior.

Para refletir e/ou compartilhar em grupo

1. Recordamos alguma situação em que fomos capazes de perdoar alguma ofensa recebida. Como nos sentimos?
2. Por que é tão difícil perdoar? Enumerar algumas causas.
3. Estamos de acordo com a afirmação de que deixar cair o rancor, a raiva, a violência e a vingança são condições necessárias para vivermos felizes?
4. O Papa Francisco costuma afirmar que "Deus não se cansa nunca de perdoar, somos nós quem nos cansamos de lhe pedir perdão". O que nos sugere essa frase?
5. Realizar um plenário, elaborar cartazes sobre o que foi refletido e colocar em algum lugar visível.

Intenções

A cada invocação, responderemos: **Senhor da Compaixão, ajudai-nos a perdoar de coração!**

– Acompanhai e abençoai o Papa Francisco, que com seus gestos significativos nos transmite continuamente a alegria do perdão. Rezemos!

– Que a Igreja seja como um "hospital de campanha" aonde todos possam acorrer em busca de consolo e perdão. Rezemos!

– Nós vos pedimos pelos que nos prejudicaram, para que saibamos compreendê-los, aceitá-los e perdoar-lhes. Rezemos!

– Fazei que nos perdoemos e perdoemos a nossos irmãos todas as vezes que for necessário, para que possamos crescer no amor, na esperança e na fé. Rezemos!

– Nós vos pedimos perdão por nossas indiferenças, nossa cólera e violência, nossos rancores e vinganças e por todas nossas fraquezas, limitações e covardias; para que vosso Espírito Misericordioso os transformeis em bálsamo de Misericórdia para com os outros. Rezemos!

– Ajudai-nos a transformar nossas fraquezas em fortalezas e a seguir em frente nas dificuldades de nosso caminhar pela vida. Rezemos!

(Acrescentar outras intenções individuais e comunitárias.)

(Rezar um Pai-nosso, uma Ave-Maria e o Glória.)

Repetir com convicção a invocação: Jesus, eu confio em vós! Jesus, eu confio em vós! Jesus, eu confio em vós!

Oração: Senhor do Perdão e da Misericórdia, nós vos pedimos que nos ajudeis a viver uma vida nova, transformadora dos limites que nos diminuem como pessoas. Que vivamos a experiência de perdoar-nos e perdoar, que aprendamos a perdoar setenta vezes sete, como fez vosso Filho Jesus. Senhor do Perdão e da Misericórdia, ajudai-nos a ser um bálsamo da Misericórdia para nossos irmãos, como sinal visível de vosso Reino presente em nosso meio! Vós que viveis e reinais pelos séculos dos séculos! Amém! Aleluia!

(Cantar novamente o cântico escolhido ou outro cântico apropriado.)

† **Sinal da Cruz**

8
A primeira verdade da igreja é o amor de cristo

Pelo sinal *(ao mesmo tempo em que vamos recitando a oração, realizamos, com devoção, um sinal da cruz sobre nossa fronte, nossos lábios e nosso coração):*
†Abri, Senhor, minha mente! †Abri, Senhor, meus lábios! †Abri, Senhor, meu coração, para que possa receber e anunciar vossa Palavra!

(Cantar um cântico referente à Misericórdia.)

Deus nos fala: "Felizes os misericordiosos, porque conseguirão misericórdia" (Mt 5,7).
Todos os que creram estavam juntos e tinham tudo em comum. Vendiam suas propriedades e seus bens e distribuíam o dinheiro entre todos, conforme cada um precisava. Unidos de coração, frequentavam todos os dias o templo e partiam o pão em suas casas, tomando as refeições com alegria e simplicidade de coração. Louvavam a Deus e gozavam da estima de todo o povo. E cada dia o Senhor ia ajuntando à comunidade os que seriam salvos (At 2,44-47).

Meditar a Palavra em silêncio

O Papa Francisco nos fala

A Igreja tem a missão de anunciar a misericórdia de Deus, coração palpitante do Evangelho, e por meio dela deve atingir a mente e o coração de toda pessoa. A Esposa de Cristo faz seu o comportamento do Filho de Deus que sai para encontrar a todos, sem excluir ninguém.

Em nosso tempo, em que a Igreja está comprometida com a nova evangelização, o tema da misericórdia exige ser proposto uma vez mais com novo entusiasmo e com renovada ação pastoral. É determinante, para a Igreja e para a credibilidade de seu anúncio, que ela viva e testemunhe em primeira pessoa a misericórdia. Sua linguagem e seus gestos devem transmitir misericórdia para penetrar no coração das pessoas e motivá-las a reencontrar o caminho de volta ao Pai. A Igreja é chamada a ser a primeira testemunha verdadeira da misericórdia, professando-a e vivendo-a como o centro da Revelação de Jesus Cristo.

Neste Ano Jubilar, a Igreja converte-se no eco da Palavra de Deus que ressoa forte e decidida como palavra e gesto de perdão, de suporte, de ajuda, de amor. Nunca se canse de oferecer misericórdia e seja sempre paciente no confortar e perdoar.

Para refletir e/ou compartilhar em grupo

1. São nossas comunidades um oásis da misericórdia para o povo? Se não são, o que seria necessário mudar para que elas sejam?
2. O que nos sugere a frase do Papa Francisco: *É determinante, para a Igreja e para a credibilidade de seu anúncio, que ela viva e testemunhe em primeira pessoa a misericórdia*?
3. Que características teriam de manifestar-se em uma comunidade eclesial para mostrar-se mais acolhedora, receptiva, inclusiva e compassiva?
4. O que nos parece central em nossas comunidades para testemunhar o amor misericordioso de Jesus?
5. Fazer uma lista, em comum, de ações possíveis para seguir em frente nessa direção em nossa comunidade

Intenções

A cada invocação, responderemos: **Ajudai-nos a ser uma comunidade missionária no anúncio de vossa Divina Misericórdia!**

– Nós vos pedimos por nosso Papa Francisco, para que com seu entusiasmo renove toda a ação pastoral e seja testemunha veraz da misericórdia de Deus. Rezemos!
– Nós vos pedimos pela Igreja para que, como esposa de Cristo, sempre vá ao encontro de todos, sem exclusão. Rezemos!
– Fazei que Cristo seja sempre o centro das decisões em nossa querida Igreja, de modo que atenda com misericórdia os mais necessitados e desvalidos. Rezemos!
– Para que a Igreja, cada dia, transmita e viva o Evangelho e chegue com sua Palavra à mente e ao coração de todos os homens. Rezemos!
– Ajudai-nos a amar como Cristo nos amou e a poder transmitir a todos os nossos irmãos as maravilhas de vossa Misericórdia. Rezemos!
– Que toda ação pastoral na Igreja seja dirigida com ternura, para que seu anúncio e testemunho nunca se afastem do caminho de um amor misericordioso e compassivo. Rezemos!

(Acrescentar outras intenções individuais e comunitárias.)

(Rezar um Pai-nosso, uma Ave-Maria e o Glória.)

Repetir com convicção a invocação: Jesus, eu confio em vós! Jesus, eu confio em vós! Jesus, eu confio em vós!

Oração: Senhor da Aliança, mediador entre Deus e os homens, não nos abandoneis. Vós que sabeis de nossa frágil humanidade, nunca vos canseis de perdoar nossos erros. Nós vos pedimos para que nossa Igreja seja a primeira testemunha veraz da Misericórdia, professando-a e vivendo-a como o centro da Revelação. Fazei que vosso amor seja seu guia para sempre. Vós que viveis e reinais pelos séculos dos séculos. Amém! Aleluia!

(Cantar novamente o cântico escolhido ou outro cântico apropriado.)

† **Sinal da Cruz**

9
Em comunhão com todos os Santos

Pelo sinal *(ao mesmo tempo em que vamos recitando a oração, realizamos, com devoção, um sinal da cruz sobre nossa fronte, nossos lábios e nosso coração):*
†Abri, Senhor, minha mente! †Abri, Senhor, meus lábios! †Abri, Senhor, meu coração, para que possa receber e anunciar vossa Palavra!

(Cantar um cântico referente à Misericórdia.)

Deus nos fala

Assim como o corpo é uma unidade e tem muitos membros, mas todos os membros do corpo, apesar de serem muitos, formam um só corpo, assim também acontece com Cristo. Nós todos, judeus e gregos, escravos e livres, fomos batizados num só Espírito, para formarmos um só corpo; e todos bebemos de um só Espírito.

De fato, o corpo não se compõe de um só membro, mas de muitos. Se o pé dissesse: "Não sou mão; portanto, não pertenço ao corpo", nem por isso deixaria de ser membro do corpo. E se o ouvido dissesse: "Não sou olho, não pertenço ao corpo", nem por isso deixaria de pertencer ao corpo. Se o corpo inteiro fosse olho, onde estaria o ouvido? Se todo ele fosse ouvido, onde estaria o olfato? Mas Deus colocou os membros, e cada um deles no corpo, conforme quis. Se tudo fosse um membro só, onde estaria o corpo? Mas há muitos membros, porém um corpo só. O olho não pode dizer à mão: "não preciso de ti"; nem a cabeça, por sua vez, pode dizer aos pés: "não preciso de vós".

Mais ainda: os membros do corpo que parecem mais frágeis são os mais necessários; e as partes do corpo que consideramos as menos dignas de honra são exatamente as que tratamos com mais respeito, e as que em nós são menos decentes são tratadas com maior decência, ao passo que as decentes não precisam disso.

Mas Deus dispôs o corpo de tal modo que se dê mais honra aos que dela precisam, para que não haja divisão no corpo, mas, ao contrário, os membros do corpo testemunhem uma mútua solicitude. Se um membro está sofrendo, todos os membros sofrem com ele; se um membro é honrado, todos os membros se alegram com ele. Ora, vós sois o corpo de Cristo e membros dele, cada qual por sua parte" (1Cor 12,12-27).

MEDITAR A PALAVRA EM SILÊNCIO

O Papa Francisco nos fala

A Igreja vive a comunhão dos Santos. Na Eucaristia, essa comunhão, que é dom de Deus, atua como união espiritual que nos une aos fiéis, aos Santos e aos Beatos, cujo número é incalculável (cf. Ap 7,4). Sua santidade vem em ajuda à nossa fragilidade, e assim a Mãe Igreja é capaz com sua oração e sua vida de conciliar a fraqueza de uns com a santidade de outros. Viver então a indulgência no Ano Santo significa aproximar-se da misericórdia do Pai com a certeza de que seu perdão se estende sobre toda a vida do fiel.

Indulgência é experimentar a santidade da Igreja que participa de todos os benefícios da redenção de Cristo, porque o perdão é estendido até as extremas consequências a que chega o amor de Deus. Vivamos intensamente o Jubileu pedindo ao Pai o perdão dos pecados e a concessão de sua indulgência misericordiosa.

Nossa prece se estenda também a tantos Santos e Beatos que fizeram da misericórdia sua missão de vida. Em particular, o pensamento se dirige à grande apóstola da misericórdia, Santa Faustina Kowalska. Ela que foi chamada a entrar nas profundezas da divina misericórdia, interceda por nós e nos obtenha viver e caminhar sempre no perdão de Deus e na inquebrantável confiança em seu amor.

Para refletir e/ou compartilhar em grupo

1. Pensar em experiências pessoais feitas em relação a algum santo em particular de nossa devoção e compartilhar em dupla.
2. Em seguida, em grupos de três ou quatro, refletir sobre as características em comum que têm os santos: modelos de vida no seguimento de Jesus, mediadores e intercessores; unidos a Cristo, consolidam mais firmemente toda a Igreja na santidade.
3. Sentimos que estamos vivendo em comunhão com aqueles que nos precederam na fé?
4. Somos conscientes de que nossa oração a eles pode não somente ajudá-los, mas também tornar eficaz sua intercessão em nosso favor?
5. Vivemos com alegria e esperança a comunhão dos Santos? Como Igreja, de que maneira testemunhamos isso aos outros? Fazer um plenário e ver a forma de partilhar o que foi refletido com outros membros da comunidade.

Intenções

A cada intenção, responderemos: **Bom Pai, ajudai-nos e guiai-nos em nossa caminhada para a santidade!**
– Lembrai-vos do Papa Francisco, para que, como pastor universal da Igreja, saiba guiá-la pelas sendas da Misericórdia, em comunhão com todos os Santos. Rezemos!
– Fazei que vossa Igreja viva em plenitude de comunhão entre todos os seus membros, incluindo os que já estão desfrutando de vossa presença misericordiosa. Rezemos!

– Pedimos vossa indulgência misericordiosa para as almas daqueles que nos precederam no caminho da vida, para que gozem a paz e felicidade eternas. Rezemos!

– Ajudai-nos a viver este Jubileu, perdoando nossos pecados e o de todos os nossos irmãos. Rezemos!

– Nós vos pedimos por nossos entes queridos que já partiram para vossa casa e por todos os que ainda estão peregrinando nesta terra, para que tenhamos a certeza de nossa existência a vosso lado, sob o amparo de vossa infinita misericórdia. Rezemos!

– Nós vos pedimos para que todos os nossos atos se baseiem na misericórdia e para que façamos dela nosso sentido de vida, tal como viveram os santos, no seguimento de vosso Filho Jesus. Rezemos!

(Acrescentar outras intenções individuais e comunitárias.)

(Rezar um Pai-nosso, uma Ave-Maria e o Glória.)

Repetir com convicção a invocação: Jesus, eu confio em vós! Jesus, eu confio em vós! Jesus, eu confio em vós!

Oração: Senhor da Bondade, nós vos pedimos que nos ajudeis em nossa fragilidade e possamos alcançar a santidade, em comunhão com todos os santos e que sempre recorramos com confiança a vosso perdão. Que nossa primeira missão seja o anúncio alegre de vossa bendita misericórdia. Fazei que nosso peregrinar neste mundo esteja baseado na certeza de que vós estais conosco, a cada passo, em companhia dos que nos precederam no caminho da fé. Deus nosso, ajudai-nos a viver este Jubileu, perdoai todos os nossos pecados, dai-nos vossa indulgência misericordiosa e fazei que, finalmente, todos nos reunamos formando um só corpo em vosso Reino. Nós vos pedimos pelos méritos de Jesus Cristo, nosso amantíssimo Senhor. Amém! Aleluia!

(Cantar novamente o cântico escolhido ou outro cântico apropriado.)

† **Sinal da Cruz**

10

A virgem Maria, Mãe da Misericórdia

Pelo sinal *(ao mesmo tempo em que vamos recitando a oração, realizamos, com devoção, um sinal da cruz sobre nossa fronte, nossos lábios e nosso coração):*
†Abri, Senhor, minha mente! †Abri, Senhor, meus lábios! †Abri, Senhor, meu coração, para que possa receber e anunciar vossa Palavra!

(Cantar um cântico referente à Misericórdia.)

Deus nos fala

No terceiro dia, houve uma festa de casamento em Caná da Galileia e lá se encontrava a mãe de Jesus. Também Jesus foi convidado para a festa junto com seus discípulos. Faltando o vinho, a mãe de Jesus lhe disse: "Eles não têm mais vinho". Respondeu-lhe Jesus: "Mulher, que importa isso a mim e a ti? Minha hora ainda não chegou". Sua mãe disse aos serventes: "Fazei tudo o que ele vos disser".

Havia lá seis talhas de pedra, destinadas às purificações dos judeus. Cada uma delas podia conter cerca de dois ou três barris. Disse Jesus aos serventes: "Enchei de água as talhas". Eles as encheram até a boca. Disse-lhes então: "Tirai agora e levai ao mestre-sala". Eles levaram. O mestre-sala provou a água transformada em vinho, e não sabia donde viera aquele vinho, embora o soubessem os serventes que haviam tirado a água; chamou então o noivo e disse-lhe: "Todo mundo serve primeiro o bom vinho e, quando os convidados já tiverem bebido muito, serve o vinho inferior. Tu, porém, guardaste até agora o vinho bom..." Deste modo iniciou Jesus, em Caná da Galileia, os seus sinais. Manifestou sua glória, e seus discípulos começaram a crer nele (Jo 2,1-11).

MEDITAR A PALAVRA EM SILÊNCIO

O Papa Francisco nos fala

A doçura de seu olhar nos acompanhe neste Ano Santo, para que todos possamos redescobrir a alegria da ternura de Deus. Ninguém como Maria conheceu em profundidade o mistério de Deus feito homem. Tudo em sua vida foi plasmado pela presença da misericórdia feito carne. A Mãe do Crucificado-Ressuscitado entrou no santuário da misericórdia divina porque participou intimamente do mistério do seu amor.

Eleita para ser a Mãe do Filho de Deus, Maria foi preparada desde sempre para ser a Arca da Aliança entre Deus e os homens. Guardou em seu coração a divina misericórdia em perfeita sintonia com seu Filho Jesus. Seu cântico de louvor, às portas da casa de Isabel, foi dedicado à misericórdia que se estende "de geração em geração" (Lc 1,50). Também nós estamos presentes naquelas palavras proféticas da Virgem Maria. Isto nos servirá de consolação e de apoio enquanto atravessamos a Porta Santa para experimentar os frutos da misericórdia divina.

Ao pé da cruz, Maria junto com João, o discípulo do amor, é testemunha das palavras de perdão que saem da boca de Jesus. O perdão supremo oferecido a quem o crucificou nos mostra até onde pode chegar a misericórdia de Deus. Maria testemunha que a misericórdia do Filho de Deus não conhece limites e alcança a todos sem excluir ninguém. Dirijamos a Ela a antiga e sempre nova oração da Salve-Rainha, para que nunca se canse de volver a nós seus olhos misericordiosos e nos faça dignos de contemplar o rosto da misericórdia, seu Filho Jesus.

Para refletir e/ou compartilhar em grupo

1. De que maneira acreditamos que a Virgem entrou no santuário da misericórdia junto a seu Filho Jesus?
2. Que sentimentos nos desperta o fato de saber que temos Maria, nossa Mãe, intercedendo por nós diante de seu Filho Jesus?
3. Por que acreditamos que a Virgem Maria é conhecida como a mãe do Amor e da Misericórdia?
4. Que nos sugere a frase do Papa Francisco: *Maria testemunha que a misericórdia do Filho de Deus não conhece limites e alcança a todos sem excluir ninguém*?
5. Compartilhar em comum o que foi refletido, procurando juntos alguma forma de expressar nosso amor e agradecimento à Virgem Maria, por permitir com o seu "sim" que a Misericórdia entrasse no mundo.

Intenções

A cada invocação responderemos: **Mãe da Misericórdia, ajudai-nos a mostrar a ternura de Deus para nossos irmãos!**

– Nós vos pedimos, bem-aventurada Virgem Maria, que cuideis do Papa Francisco e o protejais para que continue sendo testemunha digna da Misericórdia Divina. Rezemos!

– Mãe bondosa, nós vos pedimos que acompanheis e ilumineis a Igreja, para que testemunhe com alegria e simplicidade o grande amor que Deus nos manifestou. Rezemos!

– Mãe do Amor, fazei que vivamos o mistério de Deus feito homem e ajudai-nos a testemunhá-lo misericordiosamente a nossos irmãos, com nossas vidas. Rezemos!

– Mãe da Misericórdia, nós vos pedimos que sejamos fiéis a nosso compromisso com a vida; que tenhamos no olhar para com nossos irmãos a ternura de Deus e que realizemos nossos atos com alegria. Rezemos!

– Mãe da Compaixão, assim como fostes preparada desde sempre para ser aliança entre Deus e os homens, dai-nos força e decisão para trabalhar pela reconciliação entre todos os seres humanos. Rezemos!

– Mãe da Compreensão, nós vos pedimos que intercedais por nós para ajudar-nos em nosso caminhar; que vivamos no perdão e no amor de Deus para sempre. Rezemos!

(Acrescentar outras intenções individuais e comunitárias.)

(Rezar um Pai-nosso, a Salve-Rainha e o Glória.)

Salve-Rainha, Mãe de Misericórdia, vida, doçura, esperança nossa, salve! A vós bradamos, os degredados filhos de Eva. A vós suspiramos, gemendo e chorando neste vale de lágrimas. Eia, pois, advogada nossa, esses vossos olhos misericordiosos a nós volvei, e depois deste desterro mostrai-nos Jesus, bendito fruto do vosso ventre. Ó clemente, ó piedosa, ó doce Virgem Maria. Rogai por nós, Santa Mãe de Deus, para que sejamos dignos das promessas de Cristo!

Repetir com convicção a invocação: Jesus, eu confio em vós! Jesus, eu confio em vós! Jesus, eu confio em vós!

Oração: Mãe da Misericórdia, que a alegria de vossos atos seja a que imitemos, que a fidelidade de vossa vida divina seja a que nos guie em nossas vidas. Maria, ajudai-nos para que sejamos testemunhas da Misericórdia Divina; que mostremos o rosto de vosso Filho a nossos irmãos; que a parte divina de nossa humanidade cresça cada vez com mais força dentro de nós, por força de vosso amor. Mãe, assim como fostes preparada desde sempre para ser ponte entre Deus e os homens, dai-nos força para trabalhar pela reconciliação e o perdão. Ajudai-nos a colocar vosso Filho amado Jesus em nossas vidas e na vida de nossos irmãos, de maneira que todos sejamos capazes de viver no amor, sendo misericordiosos como o Pai. Nós vos pedimos por Cristo, nosso Senhor. Amém! Aleluia!

(Cantar novamente o cântico escolhido ou outro cântico apropriado.)

† Sinal da Cruz

Apêndice

Santa Faustina e a devoção à Divina Misericórdia

Santa Faustina Kowalska

Helena Kowalska, também conhecida como Santa Maria Faustina Kowalska, ou Santa Faustina, é uma das santas mais conhecidas do século XX. Essa mística polonesa foi a grande apóstola e divulgadora da devoção à Divina Misericórdia de Jesus. Por meio dela o Senhor Jesus transmite ao mundo a grande mensagem da Divina Misericórdia e apresenta o modelo de perfeição cristã, baseada na confiança em Deus e na atitude de caridade para com o próximo.

Helena Kowalska nasceu em 25 de agosto de 1905, na aldeia de Glogoviec, perto de Lodz, Polônia, sendo a terceira de dez irmãos na família de Kowalska. Desde pequena se destacou pelo amor e pela oração, trabalho, obediência e sensibilidade diante da pobreza humana. Sua educação escolar durou apenas três anos.

Ao completar 16 anos deixou a casa familiar para trabalhar de empregada doméstica em casas de famílias ricas. Aos 20 anos entrou para a Congregação das Irmãs da Madre de Deus da Misericórdia, onde, com o nome de Irmã Maria Faustina, viveu 13 anos cumprindo as tarefas de cozinheira, jardineira e porteira. Sua vida, aparentemente ordinária e monótona, caracterizou-se pela extraordinária profundidade de sua união com Deus.

Desde menina tinha desejado ser uma grande santa e, em consequência, caminhou para este objetivo colaborando com Jesus na obra de salvar as almas perdidas, até oferecer-se como sacrifício pelos pecadores. Os anos de sua vida no convento foram marcados, pois, pelo estigma do sofrimento, e foram muitas as graças extraordinárias: revelações, visões, estigmas ocultos, participação na Paixão do Senhor, os dons de ler nas almas humanas, de profecia e de uniões místicas. Santa Faustina morreu, por tuberculose, em Cracóvia, em 5 de outubro de 1938. A doença, muito dolorosa, fê-la vítima da Divina Misericórdia, para que essa Misericórdia se derramasse sobre a Igreja e para que a humanidade pudesse olhar com mais confiança para sua própria salvação.

Em 1934, obedecendo às orientações de seu diretor espiritual, Santa Faustina começou a escrever um diário pessoal que intitulou "A Misericórdia em minha alma". Registrou nele com fidelidade tudo o que Jesus lhe pediu e descreveu todos os encontros de sua alma com Ele. Esse diário foi um guia de espiritualidade e inspiração para muitíssimos cristãos.

Em 18 de abril de 1993, o Papa São João Paulo II beatificou a nossa Irmã Faustina Kowalska na Basílica de São Pedro em Roma. Foi no primeiro domingo de Páscoa, no qual, a pedido expresso de Jesus à Irmã Faustina, devia ser celebrada a Festa da Misericórdia. Foi precisamente João Paulo II que a beatificou, ele que sendo ainda arcebispo de Cracóvia levou adiante o processo arquidiocesano como passo prévio aos processos romanos. Em 30 de abril de 2000, o Santo Padre São João Paulo II canonizou a Irmã Faustina na Basílica de São Pedro, diante de 200.000 devotos da Divina Misericórdia; foi a primeira santa do novo milênio.

A DEVOÇÃO À DIVINA MISERICÓRDIA E A JESUS MISERICORDIOSO

A imagem de Jesus Misericordioso

O primeiro elemento da devoção à Divina Misericórdia revelado à Santa Faustina foi a Imagem, em 22 de fevereiro de 1931. Jesus aparece com raios de luz, irradiando-os do seu coração, e lhe diz: "Pinte uma imagem conforme o modelo que você vê e subscreve: 'Jesus, eu confio em vós'. Desejo que esta imagem seja venerada primeiro em sua capela e depois no mundo inteiro. Prometo que a alma que venerar esta imagem não perecerá. Prometo também, já aqui na terra, a vitória sobre os inimigos e, sobretudo, na hora da morte" (Diário 47-48).

A imagem nos recorda de que a salvação não é só pela fé, mas por obras e caridade também. É preciso ter fé para ver a imagem e crer no que ela significa, a Divina Misericórdia derramando-se de Cristo na Cruz; mas também é preciso ser misericordioso, pois o amor vai muito além dos estritos requisitos da justiça, para atrair a Misericórdia para si mesmo. A imagem do peito transpassado de Jesus derramando sangue e água nos recorda que a Cruz, o amor em ação, é o preço da misericórdia. "Que, como eu vos amei, assim ameis uns aos outros" (Jo 13,34).

A festa

Durante o transcurso das revelações de Jesus à Santa Faustina sobre a Divina Misericórdia, Ele lhe pediu, em diversas ocasiões, que se dedicasse uma festa à Divina Misericórdia e que essa festa fosse celebrada no domingo depois da Páscoa.

"Quero que a imagem seja benzida solenemente no primeiro domingo depois da Páscoa e que seja venerada publicamente para que cada alma possa saber dela" (Diário 341).

"O primeiro domingo depois da Páscoa é a festa da Misericórdia, mas também deve estar presente a ação, e peço que se renda culto à minha Misericórdia com a solene celebração desta Festa e com o culto à imagem que foi pintada" (Diário 742).

"Desejo conceder o perdão total às almas que se aproximarem da confissão e receberem a Santa Comunhão no dia da Festa da Minha Misericórdia" (Diário 1109).

A hora da Misericórdia: às três horas da tarde

Segundo o diário de Santa Faustina: "Eu lhe recordo, minha filha, que tão logo marque o relógio três horas da tarde, mergulhe completamente em minha Misericórdia, adorando-a e a glorificando; invoque sua onipotência para todo o mundo e, particularmente, para os pobres pecadores, porque nesse momento a Misericórdia se abriu largamente para cada alma... Às três horas da tarde implorem minha misericórdia, especialmente pelos pecadores; e ainda que seja por um brevíssimo tempo mergulhe em minha Paixão, especialmente em meu abandono nesse momento de agonia. Essa é a hora da grande misericórdia para o mundo inteiro. Eu lhe permitirei entrar dentro de minha tristeza mortal. Nessa hora, não recusarei nada à alma que o peça pelos méritos de minha Paixão".

O terço da Misericórdia

Segundo o diário de Santa Faustina: "Anime as pessoas a rezarem o terço que lhe dei... Quem o rezar receberá grande misericórdia na hora da morte. Os sacerdotes recomendarão aos pecadores como seu último refúgio de salvação. Ainda, se o pecador mais empedernido tiver rezado esse terço ao menos uma vez, receberá a graça da minha infinita Misericórdia. Desejo conceder graças inimagináveis àqueles que confiam em minha Misericórdia... Escreva que quando rezarem esse terço na presença do moribundo, Eu me porei entre meu Pai e ele, não como Justo Juiz, mas como Misericordioso Salvador".

Utiliza-se um terço comum de cinco dezenas

1. Começar com um Pai-nosso, Ave-Maria e Credo.
2. Ao começar cada dezena (nas contas grandes do Pai-nosso) dizer: "Pai eterno, ofereço-vos o Corpo, o Sangue, a Alma e a Divindade de vosso amantíssimo Filho, Nosso Senhor Jesus Cristo, para o perdão de nossos pecados e os do mundo inteiro".

3. Nas contas pequenas da Ave-Maria: "Por sua dolorosa Paixão, tende misericórdia de nós e do mundo inteiro".

4. Ao finalizar as cinco dezenas do terço, repete-se três vezes: "Deus santo, Deus forte, Deus imortal, tende piedade de nós e do mundo inteiro".

5. Oração final: "Ó Sangue e água que brotastes do Coração de Jesus como uma fonte de misericórdia para nós, eu confio em vós". Repete-se três vezes a jaculatória: "Jesus, eu confio em vós!"

Orações para viver em Misericórdia

Orações à Divina Misericórdia de Santa Faustina

Louvores à Misericórdia Divina

Misericórdia Divina, que brotais do seio do Pai, eu confio em vós.

Misericórdia Divina, supremo atributo de Deus, eu confio em vós.

Misericórdia Divina, mistério incompreensível, eu confio em vós.

Misericórdia Divina, fonte que brota do mistério da Santíssima Trindade, eu confio em vós.

Misericórdia Divina, insondável para todo entendimento humano ou evangélico, eu confio em vós.

Misericórdia Divina, de onde brotam vida e felicidade, eu confio em vós.

Misericórdia Divina, mais sublime que os céus, eu confio em vós.

Misericórdia Divina, manancial de milagres e maravilhas, eu confio em vós.

Misericórdia Divina, envolvendo todo o universo, eu confio em vós.

Misericórdia Divina, que desceis à Terra na Pessoa do Verbo Encarnado, eu confio em vós.

Misericórdia Divina, que emanastes da ferida aberta no Coração de Jesus, eu confio em vós.

Misericórdia Divina, encerrada no Coração por nós, especialmente pelos pecadores, eu confio em vós.

Misericórdia Divina, insondável na instituição da Sagrada Eucaristia, eu confio em vós.
Misericórdia Divina, que fundastes a Santa Igreja, eu confio em vós.
Misericórdia Divina, presente no Sacramento do Santo Batismo, eu confio em vós.
Misericórdia Divina, na nossa justificação por Jesus Cristo, eu confio em vós.
Misericórdia Divina, que nos acompanhais ao longo da vida, eu confio em vós.
Misericórdia Divina, que nos envolveis especialmente na hora da morte, eu confio em vós.
Misericórdia Divina, de quem recebemos o dom da imortalidade, eu confio em vós.
Misericórdia Divina, sempre ao nosso lado em cada instante de nossa vida, eu confio em vós.
Misericórdia Divina, escudo protetor das chamas infernais, eu confio em vós.
Misericórdia Divina, por quem se converte o pecador empedernido, eu confio em vós.
Misericórdia Divina, que deixais enlevados os anjos, inefável também os Santos, eu confio em vós.
Misericórdia Divina, insondável em todos os mistérios de Deus, eu confio em vós.
Misericórdia Divina, que nos resgatais de toda miséria, eu confio em vós.
Misericórdia Divina, manancial de gozo e felicidade, eu confio em vós.
Misericórdia Divina, que do nada nos trouxestes à existência, eu confio em vós.
Misericórdia Divina, que envolveis com vossos braços toda obra de vossas mãos, eu confio em vós.
Misericórdia Divina, na qual estamos todos imersos, eu confio em vós.
Misericórdia Divina, doce consolo dos corações angustiados, eu confio em vós.

Misericórdia Divina, única esperança dos desesperados, eu confio em vós.
Misericórdia Divina, descanso dos corações, paz na turbulência, eu confio em vós.
Misericórdia Divina, delícia e êxtase das almas santas, eu confio em vós.
Misericórdia Divina, esperança renovada, quando perdida toda esperança, eu confio em vós.

Oração: Deus eterno, em quem a misericórdia é infinita e o tesouro de compaixão, inesgotável, volvei para nós vosso bondoso olhar e aumentai vossa misericórdia em nós, para que nos momentos difíceis, nos nossos desalentos, não nos desesperemos, mas que, com máxima confiança, nos submetamos à vossa vontade, que é Amor e Misericórdia. Ó incompreensível e infinita Misericórdia Divina! Quem poderá adorar-vos como mereceis? Supremo atributo de Deus, Todo-poderoso. Sois a doce esperança do pecador (II, 295-297).

Oração para ser misericordioso com os outros

Com a frequência com que respiro, bate meu coração e corre em pulsações o sangue por meu corpo – multiplicada por mil –, quero adorar vossa Misericórdia, ó Santíssima Trindade! Quero converter-me inteiro em vossa misericórdia e ser vivo reflexo de Vós. Ó Senhor! Que o mais alto de todos os atributos divinos, o de vossa Misericórdia insondável, passe por minha alma e coração para o próximo. Ajudai-me, ó Senhor, para que sejam misericordiosos os meus olhos, que jamais suspeite ou julgue segundo as aparências, mas que olhe o que de belo existe na alma de meu próximo e vá para resgatá-lo.
Ajudai-me, ó Senhor, para que minha língua seja misericordiosa, para não falar rancorosamente de meu próximo, mas que tenha palavras de consolo e perdão para todos.
Ajudai-me, ó Senhor, para que minhas mãos sejam misericordiosas e cheias de boas obras; que faça o bem a meu

próximo e que sobre mim faça recair as tarefas mais difíceis e penosas.

Ajudai-me, ó Senhor, para que meus pés sejam misericordiosos, de forma que vá ajudar sem demora a meu próximo, superando minha própria fadiga e cansaço. Meu verdadeiro descanso é o serviço ao meu próximo. Ajudai-me, ó Senhor, para que meu coração seja misericordioso, para que sinta os sofrimentos do meu próximo como se fossem meus. Não pouparei meu coração a ninguém. Serei sincero, inclusive com aqueles que, provavelmente, abusaram de minha bondade. Eu ficarei fechado em quatro paredes dentro do coração misericordiosíssimo de Jesus. Calarei meus próprios sentimentos. Vós que sois a Misericórdia, Senhor, repousai dentro de mim! Amém!

Vós mesmo me mandais exercer três graus de misericórdia. **O primeiro:** a obra da misericórdia, de qualquer tipo. **O segundo:** a palavra de misericórdia – se não levar a cabo a obra, ajudarei com palavras. **O terceiro:** a oração – se não puder mostrar misericórdia com atos e palavras, sempre poderei exercê-la recorrendo à oração. Porque ela chega aonde fisicamente não alcanço (I.78)

Ó, meu Jesus! Transformai-me em Vós, porque Vós sois onipotente!"

À Misericórdia Divina

Voo para vossa Misericórdia, Deus de Compaixão. Vós sois a única Bondade. Ainda que seja grande minha mesquinhez e muitas as minhas ofensas, confio em vossa piedade, porque sois Deus de misericórdia e nunca se ouviu dizer na história dos séculos, nem Terra nem os céus recordam-se de que tenhais desassistido ao pedido de uma alma, que tenha recorrido a vós com confiança.

Ó Deus de piedade, só Vós podeis justificar-me e jamais me voltareis às costas quando, arrependido, eu me aproximo de vosso Coração Misericordioso, de onde ninguém saiu rechaçado, ainda que pecador mais obstinado, porque vosso Filho me assegurou: "Os céus e a Terra voltarão ao nada antes de faltar minha misericórdia quando chamar uma alma que tenha depositado em mim sua confiança. Amém" (VI, 92, 125).

Jesus, amigo dos desamparados. Vós sois meu refúgio, minha paz, minha salvação e minha serenidade nos momentos de luta e no mar do desalento. Sois o raio radiante que ilumina as sendas da minha vida. Sois tudo para a alma desamparada. Entendeis o seu silêncio. Conheceis nossas fraquezas e, como médico, consolais e curais, evitando-nos os sofrimentos – quanto sabeis! – Amém (1.114).

Ó Deus de grande misericórdia! Bondade infinita, do abismo de seu abatimento toda a humanidade implora hoje vossa misericórdia, vossa compaixão. Ó Deus de benevolência! Não deixeis de ouvir a oração deste exílio terreno! Ó Senhor, Bondade que foge à nossa compreensão, que conheceis nossa miséria a fundo e sabeis que com nossas forças não podemos chegar a vós, nós vos imploramos: Apressai-vos com vossa graça contínua aumentando vossa misericórdia em nós, para que possamos fielmente cumprir vossa santa vontade, ao longo de nossa vida e na hora da morte.

Que a onipotência de vossa misericórdia nos proteja das flechas que lançam os inimigos de nossa salvação, para que com confiança, como filhos vossos, esperemos a última vinda. E esperamos obter o que Jesus nos prometeu apesar de nossa mesquinhez. Porque Jesus é nossa esperança: através de seu Coração misericordioso, como através de uma porta aberta, encontrar-nos-emos no reino dos céus. Amém (V. 143).

Aos pés do Cristo na Eucaristia

Ó Jesus, Divino Prisioneiro do Amor! Quando considero o amor que me tendes e vossa abnegação e entrega, meus sentidos desfalecem. Ocultais vossa inconcebível majestade e diante de mim, criatura insignificante, humilhai-vos. Ó Rei da Glória, ainda que oculteis vossa formosura, os olhos de minha alma vos penetram rasgando o véu! Vejo coros de anjos vos oferecerem homenagem e todas as potências celestes vos louvarem sem cessar, entoando continuamente: Santo, Santo, Santo!

Oh! Quem será capaz de compreender vosso amor e vossa insondável misericórdia para conosco? Oh! Prisioneiro do Amor, guardo neste tabernáculo meu pobre coração, para adorar-vos sem cessar noite e dia. Nenhum obstáculo se opõe: ainda que me ache distante fisicamente de Vós, meu coração está convosco. Não existem obstáculos...

Eu vos adoro, Senhor e Criador, oculto neste Santíssimo Sacramento. Eu vos adoro por todas as obras que saem de vossas mãos, porque elas me mostram toda vossa sabedoria, vossa bondade e vossa misericórdia! Ó Senhor! Sobre a Terra espalhastes tanta beleza, que me falam de vossa beleza, ainda que aquela seja um pobre reflexo de vossa Beleza. E ainda que tenhais escondido e ocultado vossa formosura, meu olho, que a fé orienta, chega a Vós, e minha alma reconhece seu Criador, seu bem mais precioso, enquanto o coração imerge inteiramente em adoração.

Ó Senhor e Criador meu! Vossa bondade me dá alentos para vos falar. Vossa misericórdia suprime o abismo que separa o Criador de sua criatura. Falar convosco, ó Senhor, é um deleite para mim, porque meu coração encontra em Vós tudo o que deseja. Aqui, vossa luz ilumina minha mente, para que possa conhecer-vos cada vez melhor, e torrentes de graças fluem para o meu coração. Aqui minha alma aspira à eternidade. Ó Senhor e Criador meu! Só Vós sois muito mais que todos os presentes. Vós vos ofereceis a mim e vos unis intimamente a esta criatura insignificante.

Ó Cristo! Deixai que minha maior felicidade seja que vos amem e que seja proclamada vossa honra e glória, especialmente a honra devida à vossa misericórdia. Ó Cristo! Deixai-me exaltar vossa bondade e vossa misericórdia até meu último suspiro. Que cada batida do meu coração renove a cada instante minha gratidão, que cada gota de meu sangue circule somente para vós. Que meu ser inteiro seja um hino à vossa glória. Que em meu leito de morte, a última batida do meu coração me encontre entoando o hino de amor que se deve à vossa misericórdia insondável Amém!

Ó Santa Trindade, Deus Uno e Indivisível, bendito sejais por este grande presente e testamento de misericórdia! Amém! (I,34).

Oração de ação de graças

Ó Jesus! Deus Eterno, eu vos dou graças por vossas inumeráveis graças e bênçãos. Que cada batida do meu coração seja um novo hino de ação de graças a Vós, ó Deus. Que cada gota do meu sangue corra por Vós e para Vós. Que seja minha alma um hino de adoração à vossa misericórdia! Eu vos amo, por vós mesmo! (VI,138).

Para conseguir o amor de Deus

Dulcíssimo Jesus, acendei em mim o fogo de vosso amor e transformai-me em vós. Divinizai-me para que minhas obras sejam de vosso agrado. Que se cumpra meu desejo graças ao poder da Santa Comunhão, que recebo diariamente. Ó Jesus, quanto desejo transformar-me em vós! Ó Senhor! Amém! (IV,39)

Para ser fiel à vontade de Deus

Ó Jesus, pregado na cruz, eu vos peço que me concedais sempre, e onde quer que me encontre, a graça de cumprir, fielmente, em tudo, a Santíssima vontade do Pai. Quando essa vontade me parecer penosa e difícil, eu vos peço, Jesus, que façais que de vossos ferimentos brotem a força e o poder necessários, e meus lábios repitam sem cessar: Faça-se a vossa vontade, ó, Senhor!
Ó Redentor do mundo! Vós que amais os homens e procurais sua salvação; que na tortura e no martírio vos esqueceis de vós mesmo para pensar somente na salvação das almas, ó compassivo Jesus, concedei-me a graça de esquecer-me de mim mesmo para viver inteiramente em função das almas, ajudando-vos em vossa tarefa de salvá-las, conforme a Santíssima vontade do Pai. Amém! (IV,24).

À Mãe de Deus

Ó Maria, Mãe e Senhora minha! Eu vos ofereço minha alma, corpo, vida e morte e tudo o que venha depois. Deposito tudo em vossas mãos. Ó Mãe, cobri minha alma com vosso manto virginal! Concedei-me a graça da pureza de coração, alma e corpo! Defendei-me, com vosso poder, dos meus inimigos, especialmente daqueles que escondem sua malícia sob a máscara da virtude. Fortalecei minha alma para a dor não abatê-la.

Ó Maria, uma espada terrível transpassou vossa santa alma. Ninguém sabe de vosso sofrimento, exceto Deus. Nada abate vossa alma; sois valente, porque Jesus está convosco. Doce Mãe, uni minha vida a Jesus, porque somente assim resistirei a todas as provas e tribulações e somente pela união com Jesus meus pequenos sacrifícios agradarão a Deus. Mãe da graça ensinai-me a viver, conforme o poder de Deus! Amém.

Pelos sacerdotes

Ó meu Jesus! Eu vos peço em nome de toda a Igreja: concedei aos sacerdotes o amor e a luz de vosso Espírito. Que suas palavras sejam convincentes para que os corações endurecidos se arrependam e voltem a vós, Senhor! Senhor, dai-nos sacerdotes santos. Conservai-os vós mesmo em santidade.

Ó Divino e Sumo Sacerdote, que o poder de vossa misericórdia os acompanhe em todas as partes e os proteja dos enganos e emboscadas que o demônio arma para a alma dos sacerdotes. Que o poder de vossa misericórdia, ó Senhor, destrua e anule tudo o que possa atrapalhar a santidade dos sacerdotes, porque vós podeis tudo. Eu vos peço, Jesus, que abençoeis com uma luz especial os sacerdotes com os quais irei me confessar ao longo de minha vida. Amém! (III.13; I,110).

Pela pátria de cada um

Misericordiosíssimo, Jesus. Eu vos suplico, por intercessão dos Santos e em especial por intercessão de vossa Mãe amantíssima, que vos criou desde a infância: Abençoai a terra onde nasci. Eu vos peço, Jesus. Não olheis nossos pecados, mas as lágrimas dos pequeninos, a fome e o frio que sofrem. Jesus, em nome desses inocentes, concedei-me a graça que vos peço para minha pátria. Amém! (I,26).

Pelos pecadores

Ó Jesus! Verdade eterna e Vida nossa. Peço vossa atenção e suplico vossa misericórdia para os infelizes pecadores. Ó dulcíssimo Coração do Senhor, repleto de piedade e de misericórdia insondável, eu vos suplico por eles. Ó Sacratíssimo Coração, Fonte de Misericórdia, de onde brotam raios de inconcebíveis graças sobre a humanidade inteira, eu vos peço luz para os que vivem no pecado.

Ó Jesus! Lembrai-vos de vossa amarga Paixão e não permitais que se percam almas que foram redimidas com alto preço de vosso preciosíssimo sangue. Ó Jesus! Quando considero quanto vale vosso Sangue, eu me alegro por sua grandeza, porque uma só gota teria sido suficiente para a salvação dos pecadores. Ainda que o pecado seja um abismo de malícia e ingratidão, o preço pago por nossa redenção excedeu a dívida.

Portanto, que as almas confiem na Paixão do Senhor e coloquem sua esperança em sua misericórdia. Deus não negará sua misericórdia a ninguém. O céu e a terra passarão, mas jamais acabará a misericórdia de Deus. Ó, que alegria tão imensa sente meu coração quando contemplo vossa bondade, que excede nossa compreensão! Ó Jesus! Desejo colocar a vossos pés todos os pecadores, a fim de que glorifiquem vossa misericórdia. Pelos séculos dos séculos! Amém! (0,30).

Em época de sofrimento

Ó Jesus! Se à alma que sofre fosse dado saber quanto Deus a ama, morreria de prazer e felicidade. Um dia saberemos o valor do sofrimento, mas, então, essa alma será incapaz de sofrer mais. Nossa oportunidade é agora.

Jesus, não me deixeis só, abandonado à dor. Vós sabeis, Senhor, como sou fraco. Sou uma perfeita calamidade, uma nulidade completa. É estranho, então, que se me deixardes só eu caio. Sou como um recém-nascido, Senhor, que não sabe valer-se por si mesmo. Sem dúvida, muito além de todo desamparo, confio, e apesar do meu sofrimento, confio, e logo não serei outra coisa senão a confiança em mim mesmo – apesar do mal em que me encontro. Não diminueis nenhum sofrimento meu; dai-me simplesmente força para suportá-lo. Fazei comigo o que vos aprouver. Senhor! Concedei-me tão somente a graça de amar-vos em todo o tempo, lugar e circunstância! Senhor! Não diminueis meu cálice de amargura, dai-me somente força para bebê-lo todo! Amém! (V,99).

Para alcançar uma boa morte

Ó Jesus misericordiosíssimo, pregado na Cruz, não vos esqueçais de mim, prestai atenção a mim quando chegar a hora de minha partida! Ó Coração de Jesus misericordiosíssimo, aberto pela lança, amparai-me no último instante de minha vida! Ó Sangue e Água que brotais pela minha salvação do Coração de Jesus, como fonte de insondável misericórdia, apagai a ira de Deus na hora de minha morte! Amém! (II,205).

Ó meu Jesus! Que os últimos dias do meu exílio sejam empregados totalmente de acordo com vossa vontade. Uno meus sofrimentos, pesares e agonia da morte à vossa sagrada Paixão e me ofereço em nome da humanidade, a fim de obter a abundante misericórdia de Deus para as almas e em especial para as que vivem em pecado. Firmemente confio e me submeto inteiramente à vossa santa vontade, que é a misericórdia mesma. Vossa misericórdia será tudo para mim nesta minha última hora! Amém! (V,146).

Orações à Divina Misericórdia

São João Paulo II confia o mundo à Divina Misericórdia

Deus, Pai Misericordioso, que revelastes vosso amor em vosso Filho Jesus Cristo e derramastes sobre nós o Espírito Santo: nós vos recomendamos hoje o destino do mundo e de todo o homem. Inclinai-vos sobre nós, pecadores; curai nossa fraqueza; derrotai todo o mal; fazei que todos os habitantes da terra experimentem vossa Misericórdia, para que em vós, Deus Uno e Trino, encontrem sempre a fonte da esperança. Pai Eterno, pela Dolorosa Paixão e Ressurreição de vosso Filho, tende Misericórdia de nós e do mundo inteiro. Amém!

Santuário da Misericórdia Divina,
Cracóvia, 17/8/2002

Oração à Misericórdia Divina

Jesus, vós que representais o rosto da Misericórdia, levai-nos, por ela, ao encontro de Deus Nosso Pai. Ajudai-nos a cumprir com vossa Palavra, que traz à nossa vida serenidade e paz. Guiai-nos na construção do vosso Reino, que é fonte de amor e alegria. Conduzi-nos pelo caminho da esperança de sermos amados, apesar de nossas limitações.

Abri a porta da Misericórdia em nosso coração, para que possamos experimentar vosso consolo e vosso perdão. Dai-nos, por vosso amor, uma alma sensível, para atender às necessidades e fraquezas de nossos irmãos no caminho da vida. Vós que nos chamastes a viver na Misericórdia, dai-nos vossa força e vosso poder, para que vençamos o rancor, o ódio, a violência e a indiferença.

Que a misericórdia e a compaixão de vosso amor sustentem nossa vida e a vida de vossa Igreja! Que aprendamos a viver este ano do Jubileu à luz de vossa Palavra, para contemplar vossa misericórdia e aceitá-la como nosso estilo de vida! Para este ano Santo e para sempre. Amém! Aleluia!

Liliana G. Gessaghi

Oração a Deus Pai da Misericórdia

Ó Deus de grande misericórdia, de bondade infinita, do fundo de seu abatimento toda a humanidade implora hoje vossa misericórdia, vossa compaixão. Ó Deus, ela clama com a potente voz da infelicidade.

Deus de Benevolência, não deixeis de ouvir a oração deste exílio terreno! Ó, Senhor! Bondade que escapa à nossa compreensão, que conheceis a fundo nossa miséria e sabeis que com nossas forças não podemos elevar-nos a vós, nós vos imploramos: dai-nos a vossa graça e continuai aumentando vossa misericórdia em nós, para que possamos fielmente cumprir vossa santa vontade ao longo de nossa vida e na hora da morte.

Que a onipotência de vossa misericórdia nos defenda das flechas que atiram os inimigos de nossa salvação, para que com confiança, como filhos vossos, aguardemos a última vinda e esperemos obter o que Jesus prometeu, apesar de nossa mesquinhez. Porque Jesus é nossa esperança, através de seu Coração misericordioso, como é no Reino dos céus!

Oração

Ó Deus, cuja Misericórdia é infinita e cujos tesouros de compaixão não têm limites, olhai-nos com vosso favor e aumentai vossa Misericórdia dentro de nós, para que em nossas grandes ansiedades não nos desesperemos, mas que sempre, com grande confiança, conformemo-nos com vossa Santa Vontade, a qual é idêntica à vossa Misericórdia. Por Nosso Senhor Jesus Cristo, Rei das Misericórdias, que convosco e com o Espírito Santo manifestam Misericórdia para conosco para sempre. Amém!

Oração ao Senhor da Misericórdia

Ó Senhor, meu doce amigo! Quatro coisas vos peço hoje com muita necessidade. Paciência para sofrer, força para trabalhar, energia para resistir às penas que hão de vir e hão de me mortificar. Temperamento sereno para poder resolver as coisas com santa calma. E assim ter, na alma perfeita, tranquilidade. Isso tenho que vos pedir, ó meu Jesus adorado, neste dia consagrado para adorar-vos e servir-vos para sempre! Amém!

Oração a Jesus da Divina Misericórdia

Jesus misericordioso, Vossa bondade é infinita e os tesouros de vossa graça são inesgotáveis. Abandono-me em vossa misericórdia que supera todas as vossas obras. Consagro-me inteiramente a vós, para viver sob os raios de vosso amor, que brotaram de vosso coração transpassado na cruz. Quero dar a conhecer vosso amor misericordioso, por meio das obras de misericórdia, corporais e espirituais. Vós me protegereis, pois, temendo minha fraqueza, espero vossa piedade. Que a humanidade compreenda vossa infinita misericórdia, afim de que colocando sua confiança nela, possa louvar-vos por toda a eternidade. Amém!

Oração a Jesus Misericordioso

Senhor Jesus, na cruz manifestastes vossa obediência ao Pai e vossa vontade de salvação universal: vimos implorar-vos perdão e dar-vos graças por vosso amor. Queremos fazer conhecer vosso Evangelho mediante as obras de misericórdia para a conversão dos pecadores, consolo dos aflitos e assistência aos mais pobres e doentes. Enviai-nos vosso Espírito Santo, pois necessitamos sanar nossa liberdade humana para construir um mundo onde reine a misericórdia e se antecipe o banquete definitivo. Ajudai-nos a dar testemunho da fé e esperança diante dos irmãos, homens e mulheres, para que compreendamos todos que a felicidade perfeita se encontra em vós. Indicai-nos o caminho para o Pai, para chegar a adorar o Mistério da Trindade junto com Maria e os Santos. Amém!

Ladainha da Misericórdia Divina

Senhor, tende piedade de nós.
Cristo, tende piedade de nós.
Senhor, tende piedade de nós.

Jesus Cristo, ouvi-nos: Jesus Cristo, atendei-nos.
Deus Pai Celestial, tende piedade de nós.
Deus Filho Redentor do mundo, tende piedade de nós.
Deus Espírito Santo, tende piedade de nós.
Santíssima Trindade, que sois um só e verdadeiro Deus, tende piedade de nós.

*(A cada invocação responderemos: **Jesus, eu confio em vós!**)*

Jesus, Rei de Misericórdia, que redimistes o mundo.
Jesus, Rei de Misericórdia, por quem todas as coisas foram criadas.
Jesus, Rei de Misericórdia, que nos revelastes o mistério da Santíssima Trindade.
Jesus, Rei de Misericórdia, que nos manifestastes a Onipotência de Deus.
Jesus, Rei de Misericórdia, que vos manifestais na criação dos espíritos celestiais.
Jesus, Rei de Misericórdia, que nos formastes do nada.
Jesus, Rei de Misericórdia, que envolveis todo o universo.
Jesus, Rei de Misericórdia, que nos dais a vida eterna.
Jesus, Rei de Misericórdia, que nos protegeis do castigo merecido.
Jesus, Rei de Misericórdia, que nos livrais da miséria do pecado.
Jesus, Rei de Misericórdia, que nos concedeis a justificação no Verbo encarnado.
Jesus, Rei de Misericórdia, que nos concedeis misericórdia por vossas Santas Chagas.

Jesus, Rei de Misericórdia, que nos destes a Santíssima Virgem como Mãe de misericórdia.

Jesus, Rei de Misericórdia, que sofrestes a Encarnação, Paixão e Morte.

Jesus, Rei de Misericórdia, que ajudais a todos, em todas as partes e sempre.

Jesus, Rei de Misericórdia, que nos concedeis vossas Graças.

Jesus, Rei de Misericórdia, que nos manifestastes revelando-nos os Mistérios Divinos.

Jesus, Rei de Misericórdia, que nos manifestastes instituindo vossa Santa Igreja.

Jesus, Rei de Misericórdia, que, havendo instituído os Santos Sacramentos, nos abristes as torrentes de vossas Graças.

Jesus, Rei de Misericórdia, que nos prendestes com os Santos Sacramentos do Batismo e da Penitência.

Jesus, Rei de Misericórdia, que nos prendestes com a Santíssima Eucaristia e o Sacerdócio.

Jesus, Rei de Misericórdia, que nos chamastes a nossa santa fé.

Jesus, Rei de Misericórdia, que manifestais vossa misericórdia pela conversão dos pecadores.

Jesus, Rei de Misericórdia, que manifestais vossa misericórdia iluminando os fiéis.

Jesus, Rei de Misericórdia, que revelais vossa misericórdia pela santificação dos justos.

Jesus, Rei de Misericórdia, que levais os santos ao ápice da santidade.

Jesus, Rei de Misericórdia, que sois consolo dos enfermos e aflitos.

Jesus, Rei de Misericórdia, que sois o único consolo dos corações aflitos.

Jesus, Rei de Misericórdia, que dais esperança às almas que se acham em desespero.

Jesus, Rei de Misericórdia, que acompanhais a todos os homens sempre e em todas as partes.

Jesus, Rei de Misericórdia, que nos encheis com a torrente de vossas Graças.

Jesus, Rei de Misericórdia, que sois o refúgio dos moribundos.
Jesus, Rei de Misericórdia, que sois o consolo das almas do purgatório.
Jesus, Rei de Misericórdia, que sois a Coroa de todos os Santos.
Jesus, Rei de Misericórdia, que sois a alegria celestial dos que se salvam.
Jesus, Rei de Misericórdia, que sois a fonte inesgotável dos milagres.
Jesus, Rei de Misericórdia, que sois a salvação do mundo inteiro.

Cordeiro de Deus, que tirais o pecado do mundo, perdoai-nos, Senhor!
Cordeiro de Deus, que tirais o pecado do mundo, ouvi-nos, Senhor!
Cordeiro de Deus, que tirais o pecado do mundo, tende piedade de nós!

As Misericórdias de Deus são maiores do que todas as suas obras. Por isso cantarei as Misericórdias de Deus para sempre. Amém!

Orações principais do Cristão

Sinal da cruz

(Benzer-se): Em nome + do Pai e do Filho e do Espírito Santo. Amém.

Persignar-se

Purificai, Senhor, minha mente † (sinal da cruz na fronte); purificai, Senhor, meus lábios † (sinal da cruz sobre a boca) e purificai, Senhor, meu coração † (sinal da cruz no peito), para que possa escutar e anunciar vossa Palavra.

Ou a forma tradicional: Pelo sinal † da Santa Cruz, † livre-nos, Deus Nosso Senhor, † dos nossos inimigos...

Pai-nosso

Pai nosso, que estais nos céus, santificado seja o vosso nome; venha a nós o vosso reino, seja feita a vossa vontade, assim na terra como no céu. O pão nosso de cada dia nos dai hoje; perdoai-nos as nossas ofensas, assim como nós perdoamos a quem nos tem ofendido, e não nos deixeis cair em tentação, mas livrai-nos do mal.

Ave-Maria

Ave, Maria, cheia de graça, o Senhor é convosco, bendita sois vós entre as mulheres, e bendito é o fruto do vosso ventre, Jesus. Santa Maria, Mãe de Deus, rogai por nós pecadores, agora e na hora da nossa morte. Amém.

Glória

Glória ao Pai, ao Filho, ao Espírito Santo. Como era no princípio, agora e sempre. Amém.

Glória da missa

Glória a Deus nas alturas e paz na terra aos homens por ele amados. Senhor Deus, Rei dos céus, Deus Pai todo-poderoso. Nós vos louvamos, nós vos bendizemos, nós vos adoramos, nós vos glorificamos, nós vos damos graças por vossa imensa glória. Senhor Jesus Cristo, Filho unigênito, Senhor Deus, Cordeiro de Deus, Filho de Deus Pai. Vós que tirais o pecado do mundo, tende piedade de nós. Vós que tirais o pecado do mundo, acolhei a nossa súplica. Vós que estais à direita do Pai, tende piedade de nós. Só vós sois o Santo, só vós, o Senhor, só vós, o Altíssimo, Jesus Cristo, com o Espírito Santo, na glória de Deus Pai. Amém.

Credo

Creio em Deus Pai todo-poderoso, criador do céu e da terra. E em Jesus Cristo, seu único Filho, nosso Senhor, que foi concebido pelo poder do Espírito Santo; nasceu da Virgem Maria; padeceu sob Pôncio Pilatos, foi crucificado, morto e sepultado. Desceu à mansão dos mortos, ressuscitou ao terceiro dia, subiu aos céus; está sentado à direita de Deus Pai todo-poderoso, donde há de vir a julgar os vivos e os mortos. Creio no Espírito Santo; na Santa Igreja Católica; na comunhão dos santos; na remissão dos pecados; na ressurreição da carne; na vida eterna. Amém.

Ato de contrição

Pesa-me, Senhor, de ter pecado. Eu me arrependo de todo o coração de ter-vos ofendido; perdi o céu e mereci o inferno. Pesa-me, porque ofendi a vós, que sois tão bom, e mereci ser castigado. Prometo nunca mais pecar e espero alcançar o perdão de minhas culpas por vossa divina misericórdia. Amém.

Salve-Rainha

Salve, Rainha, Mãe de Misericórdia, vida, doçura e esperança nossa, salve! A vós bradamos, os degradados filhos de Eva. A vós suspiramos, gemendo e chorando neste vale de lágrimas. Eia, pois, advogada nossa, esses vossos olhos misericordiosos a nós volvei. E, depois deste desterro, mostrai-nos Jesus, bendito fruto de vosso ventre, ó clemente, ó piedosa, ó doce sempre Virgem Maria! Rogai por nós, Santa Mãe de Deus, para que sejamos dignos das promessas de Cristo. Amém.

Bendita seja vossa pureza

Bendita seja vossa pureza, e eternamente o seja, pois todo um Deus se recria em tão graciosa beleza. A vós, celestial princesa, Virgem sagrada Maria, eu vos ofereço, neste dia, alma, vida e coração. Olhai-me com compaixão, não me deixeis, minha Mãe.

Consagração a Nossa Senhora

Ó Senhora minha! Ó minha mãe! Eu me ofereço todo a vós e em prova de minha devoção para convosco eu vos consagro neste dia os meus olhos, meus ouvidos, minha boca, meu coração e todo o meu ser. E, porque assim sou vosso, guardai-me e defendei-me como filho e propriedade vossa. Amém.

Minha mãe

Desde que o dia amanhece, abençoai-me. No duro trabalho, ajudai-me. Se vacilar em minhas decisões, fortalecei-me. Nas dúvidas e inquietudes, guiai-me. Quando me desprezarem ou esquecerem, amai-me. Nas tentações e perigos, defendei-

-me. Nas ansiedades da alma, pensai em mim. Se desfalecer, salvai-me. E levai-me em vossos braços para ser feliz no céu com Jesus. Amém.

Lembrai-vos *(São Bernardo)*

Lembrai-vos, ó piíssima Virgem Maria, de que nunca se ouviu dizer que algum daqueles que têm recorrido à vossa proteção, implorado a vossa assistência e reclamado o vosso socorro, fosse por vós desamparado. Animado eu, pois, de igual confiança, a vós, Virgem entre todas singular, como a Mãe recorro, de vós me valho e, gemendo sob o peso dos meus pecados, eu me prostro aos vossos pés. Não desprezeis as minhas súplicas, ó Mãe do Filho de Deus humanado, mas dignai-vos de as ouvir propícia e de me alcançar o que vos rogo. Amém.

Angelus

V. O Anjo do Senhor anunciou a Maria.
R. E Ela concebeu do Espírito Santo.
Ave, Maria...
V. Eis a escrava do Senhor.
R. Faça-se em mim segundo a Vossa Palavra.
Ave, Maria...
V. E o Verbo divino encarnou.
R. E habitou no meio de nós.
Ave, Maria...
V. Rogai por nós, Santa Mãe de Deus.
R. Para que sejamos dignos das promessas de Cristo.
Oremos: Infundi, Senhor, nós vos rogamos, a Vossa graça nos nossos corações, para que nós, que conhecemos, pela Anunciação do Anjo, a Encarnação de Cristo, Vosso Filho, cheguemos, pela sua Paixão e Morte na Cruz, à glória da Ressurreição. Por Cristo e Senhor nosso. Amém.

Rainha dos céus (*Regina coeli*)

V. Rainha do Céu, alegrai-vos, aleluia.
R. Porque Aquele que merecestes trazer em vosso puríssimo seio, aleluia.
V. Ressuscitou como disse, aleluia.
R. Rogai por nós a Deus, aleluia.
V. Exultai e alegrai-vos, ó Virgem Maria, aleluia.
R. Pois o Senhor ressuscitou verdadeiramente, aleluia.
Oremos: Ó Deus, que Vos dignastes alegrar o mundo com a Ressurreição do vosso Filho, Nosso Senhor Jesus Cristo, concedei-nos, nós vos suplicamos, a graça de alcançarmos pela proteção da Virgem Maria, Sua Mãe, a glória da vida eterna. Pelo mesmo Cristo Nosso Senhor.
R. Amém.

Magnificat

A minh'alma engrandece o Senhor, exulta meu espírito em Deus, meu Salvador! Porque olhou para a humildade de sua serva. Doravante as gerações hão de chamar-me de bendita! O Poderoso fez em mim maravilhas, e Santo é seu nome! Seu amor para sempre se estende, sobre aqueles que o temem! Manifesta o poder de seu braço, dispersa os soberbos; derruba os poderosos de seus tronos e eleva os humildes; sacia de bens os famintos, despede os ricos sem nada. Acolhe Israel, seu servidor, fiel ao seu amor, como havia prometido a nossos pais, em favor de Abraão e de seus filhos para sempre! Glória ao Pai, ao Filho, ao Espírito Santo, como era no princípio, agora e sempre. Amém!

Ladainha de Nossa Senhora

Senhor, tende piedade de nós.
Cristo, tende piedade de nós.
Senhor, tende piedade de nós.

Cristo, ouvi-nos.
Cristo, atendei-nos.
Deus Pai do céu, tende piedade de nós.
Deus Filho Redentor do mundo, tende piedade de nós.
Deus Espírito Santo, tende piedade de nós.
Santíssima Trindade, que sois um só Deus, tende piedade de nós.

Santa Maria, **rogai por nós**.
Santa Mãe de Deus
Santa Virgem das virgens
Mãe de Cristo
Mãe da Igreja
Mãe da divina graça
Mãe puríssima
Mãe castíssima
Mãe sempre Virgem
Mãe Imaculada
Mãe digna de amor
Mãe admirável
Mãe do bom conselho
Mãe do Criador
Mãe do Salvador
Virgem prudentíssima
Virgem venerável
Virgem louvável
Virgem poderosa
Virgem clemente
Virgem fiel
Espelho de perfeição
Sede da Sabedoria
Fonte de nossa alegria
Vaso espiritual
Tabernáculo da eterna glória
Moradia consagrada a Deus
Rosa mística

Torre de Davi
Torre de marfim
Casa de ouro
Arca da aliança
Porta do céu
Estrela da manhã
Saúde dos enfermos
Refúgio dos pecadores
Consoladora dos aflitos
Auxílio dos cristãos
Rainha dos Anjos
Rainha dos Patriarcas
Rainha dos Profetas
Rainha dos Apóstolos
Rainha dos Mártires
Rainha dos confessores da fé
Rainha das Virgens
Rainha de todos os Santos
Rainha concebida sem pecado original
Rainha assunta ao céu
Rainha do santo Rosário
Rainha da paz.

Cordeiro de Deus, que tirais os pecados do mundo, **perdoai-nos, Senhor.**
Cordeiro de Deus, que tirais os pecados do mundo, **ouvi-nos, Senhor.**
Cordeiro de Deus, que tirais os pecados do mundo, **tende piedade de nós.**
Rogai por nós, Santa Mãe de Deus. **Para que sejamos dignos das promessas de Cristo.**

O Santo Rosário

Como se reza o Rosário? Cada grupo de dez contas corresponde a um mistério e nele se recitam um Pai-nosso, dez Ave-

-Marias e um Glória ao Pai. E assim, da mesma maneira, cinco vezes, segundo cada um dos mistérios que lhe digam respeito e escolha para esse dia.

Terminados os cinco mistérios, na parte final do Rosário há um conjunto de contas (uma, depois três e depois mais uma), podendo-se rezar um Pai-nosso, três Ave-Marias e um Glória ao Pai nas intenções do Papa, que sempre pede pela humanidade.

Os Mistérios do Rosário

Luminosos: *(quinta-feira e festas do Senhor)*
1. Batismo de Nosso Senhor Jesus Cristo (Mc 1,7-11).
2. O primeiro milagre de Jesus, nas bodas de Caná (Jo 2,1-11).
3. Jesus anuncia a vinda do Reino de Deus (Mc 1,14-15).
4. A Transfiguração de Nosso Senhor Jesus Cristo (Lc 9,28-35).
5. A instituição da Eucaristia (Mt 26,26-28).

Dolorosos: *(terça e sexta-feira, na Quaresma, Semana Santa, pelos mortos)*
1. A Oração de Jesus no Horto das Oliveiras (Mt 26,36-46).
2. A flagelação de Nosso Senhor (Mt 27,11-26).
3. A coroação de espinhos (Mt 27,27-31).
4. Jesus com a cruz nas costas a caminho do Calvário (Lc 23,26-32).
5. Crucifixão e morte de Nosso Senhor Jesus Cristo (Mt 27,45-56).

Gozosos: *(segunda-feira, sábado e tempos de Advento e Natal)*
1. Anunciação do Anjo a Virgem Maria (Lc 1,26-28).
2. A visita da Virgem Maria à sua prima Isabel (Lc 1,39-56).
3. O nascimento de Nosso Senhor Jesus Cristo em Belém (Lc 2,6-20).
4. A apresentação do menino Jesus no templo (Lc 2,22-38).
5. O Menino Jesus perdido e achado no templo (Lc 2,41-52).

Gloriosos: *(quarta-feira, domingo, em tempo de Páscoa e festas da Santíssima Virgem)*
   1. A Ressurreição de Nosso Senhor Jesus Cristo (Lc 24,1-6).
   2. A Ascensão de Nosso Senhor aos céus (At 1,6-11).
   3. A vinda do Espírito Santo (At 2,6-11).
   4. A assunção de Maria em corpo e alma aos céus.
   5. A coroação de Maria Santíssima como Rainha e Mãe de toda a criação (Ap 12,1-6).

Índice

Introdução 3

O Ano Santo ou Jubileu 7
– O que é um Ano Santo ou Jubileu 7
– Origens do Jubileu ou Ano Santo 8
– O termo "jubileu" 9
– Jesus Cristo dá sentido pleno ao Jubileu 9
– De quanto em quanto tempo
   se celebra um Ano Santo? 10
– Indulgências 10
– A cerimônia de abertura do Jubileu 11
– O Jubileu ou Ano Santo extraordinário
   da Misericórdia 12
– O tema do Jubileu: "misericordiosos como o Pai" 14

Dez sugestões para viver o Ano Santo da Misericórdia 17
1. Peregrinar juntos neste Ano Santo 19
2. Deus manifesta sua onipotência
   quando é misericordioso 23
3. Deus vai além da justiça
   com a misericórdia e o perdão 27
4. Jesus Cristo é o rosto da misericórdia do Pai 31
5. Um tempo oportuno para mudar de vida 35
6. As obras de misericórdia 39
7. O anúncio alegre do perdão 45
8. A primeira verdade da Igreja é o amor de Cristo 51
9. Em comunhão com todos os Santos 55
10. A virgem Maria, Mãe da Misericórdia 59

Apêndice 63
Santa Faustina e a devoção à Divina Misericórdia 63
– Santa Faustina Kowalska 63

– A devoção à Divina Misericórdia
e a Jesus misericordioso 64

Orações para viver em misericórdia................................ 69

Orações à divina misericórdia 79

Orações principais do cristão 85